Commandant F. CHAPUIS

CHEF DE BATAILLON D'INFANTERIE EN RETRAITE

LE LIVRE DU SOLDAT

DÉFENSEUR DE LA FRANCE

CONSEILS D'INSTRUCTION MILITAIRE
ET ACTUALITÉS

Ce livre est écrit pour tous les soldats des armées françaises.

LIBRAIRIE MILITAIRE BERGER-LEVRAULT

Éditeurs de l'*Annuaire officiel de l'Armée*

PARIS — ...AUX-ARTS, 5-7

NANCY — RUE DES GLACIS, 18

1915

LIBRAIRIE MILITAIRE BERGER-LEVRAULT

PARIS, 5-7, rue des Beaux-Arts — rue des Glacis, 18, NANCY

PAGES D'HISTOIRE — 1914-1915

PLAN GÉNÉRAL

1re Série. — L'Explosion vue de la frontière de l'Est (23 juillet — 5 août). 5 volumes : *a*) Le Guet-Apens. — *b*) La Tension diplomatique. — *c*) En Mobilisation. — *d*) La Journée du 4 août. — *e*) En Guerre.

2e Série. — Les Pourparlers diplomatiques.
Cinq volumes parus : *a*) Livre bleu anglais. — *b*) Livre gris belge. — *c*) Livre orange russe. — *d*) Livre bleu serbe. — *e*) Livre blanc allemand.

3e Série. — Les Communiqués officiels. *Suite chronologique des dépêches du Gouvernement français.* 7 volumes parus (du 5 août au 31 janvier 1915.)

4e Série. — Atlas-Index de tous les théâtres de la Guerre.
a) Campagnes de France et de Belgique (34 cartes au 1/400000e, en 4 couleurs ; index alphabétique).
En préparation : *b*) Campagnes des Vosges, d'Alsace, de Lorraine, de l'Allemagne de l'Ouest. — *c*) Cartes des principaux champs de bataille. — *d*) Front Est : Prusse Orientale, Galicie, Pologne, Hongrie. — *e*) Front Sud : Serbie, Bosnie-Herzégovine, etc. — *f*) Cartes d'ensemble d'Europe. Colonies allemandes.

5e Série. — Les Mises à l'Ordre du Jour : *Citations, Promotions, Légion d'honneur, Médaille militaire.* 9 volumes parus (du 8 août au 1er décembre).

6e Série. — Pangermanisme.
a) La Folie allemande, par Paul Verrier. — *b*) Paroles allemandes. — *c*) Traduction d'ouvrages pangermanistes. — *d*) La Doctrine de guerre. — *e*) Les Faussaires. — *f*) Les Huns en France. — *g*) Les Huns en Belgique.

7e Série. — L'Indignation du monde civilisé.
a) La Séance historique de l'Institut de France. — *b*) L'Allemagne et la Guerre, par Emile Boutroux, de l'Académie Française. — *c*) La Journée du 22 décembre. — *d*) Devant l'Académie des Inscriptions et Belles-Lettres. — *e*) Devant l'Académie Française. — *f*) La Protestation des grands hommes de l'étranger. — *g*) Ordres du jour des sociétés savantes et artistiques. — *h*) Voix de neutres. — *i*) Paroles belges.

8e Série. — La Guerre et la Presse mondiale.
a) Extraits du *Bulletin des Armées de la République* (4 volumes parus). — *b*) Voix américaines (2 volumes). — *c*) Les Poètes de la guerre. — *d*) Articles choisis dans les grands quotidiens de Paris. — *e*) Presse de province. — *f*) Presse des pays alliés. — *g*) Presse des pays neutres. — *h*) Presse des pays ennemis. — *i*) Les meilleures Caricatures et les meilleures Chansons.

9e Série. — Pendant la Guerre.
a) Les Allemands en Belgique (Louvain-Aerschot), par L.-H. Grondijs. — *b*) La Vie à Paris. — *c*) La Vie en Province. — *d*) La Vie à l'Étranger. Etc.

10e Série. — Les Opérations militaires.
Chronologie de la guerre (31 juillet-31 décembre 1914). — Les Français en Alsace. — Les Français en Belgique. — La Retraite stratégique. — Le Grand Couronné de Nancy. — La Bataille de la Marne. — La Campagne des Vosges. — Bataille de l'Aisne. — Combats dans l'Argonne et dans la Woëvre. — Bataille du Nord. Etc., etc.

11e Série. — Les Armements.
a) Le Canon de 75.

LE LIVRE DU SOLDAT

DÉFENSEUR DE LA FRANCE

Commandant F. CHAPUIS

CHEF DE BATAILLON D'INFANTERIE EN RETRAITE

LE LIVRE DU SOLDAT
DÉFENSEUR DE LA FRANCE

CONSEILS D'INSTRUCTION MILITAIRE
ET ACTUALITÉS

Ce livre est écrit pour tous les soldats des armées françaises.

LIBRAIRIE MILITAIRE BERGER-LEVRAULT

Éditeurs de l'*Annuaire officiel de l'Armée*

PARIS | NANCY

RUE DES BEAUX-ARTS, 5-7 | RUE DES GLACIS, 18

1915

MILITAIRES DE L'ARMÉE ACTIVE,

DE LA RÉSERVE

ET DE L'ARMÉE TERRITORIALE

Haut les cœurs! Soyez courageux, soyez héroïques et soyez patients!

Chacun vous admire et chacun vous sera reconnaissant de la victoire complète que vous saurez certainement remporter parce que toute la France, ses alliés et vous tous le voulez!

Ces quelques pages sont écrites à votre intention.

AVANT-PROPOS

Sur une longue ligne, depuis la mer du Nord jusqu'à la Haute-Alsace, nous avons un front de près de 500 kilomètres, sur lequel chaque officier, chaque soldat de l'armée française et des armées alliées occupe la place qui lui est assignée. Tous se donnent entièrement au minutieux service de la défense, que chacun exécute avec conscience pour faire son devoir. Mais pour mieux accomplir ce devoir sacré, chacun a besoin de connaître la situation générale de la France, chacun a besoin d'encouragements, de conseils et des nouvelles de la guerre qui sont, en ce moment, les seules intéressantes.

Le ministre de la Guerre a eu, en août dernier, l'heureuse idée de créer, pour nos troupes en campagne, le *Bulletin des Armées de la République*, qui leur apprend quels sont les soins dont la Nation entoure les parents, les femmes et les enfants laissés au foyer, et qui leur donne des renseignements sur les principales phases des opérations de la guerre.

Cette belle œuvre, dont M. Viviani, président du Conseil des ministres, a accepté le patronage, est aussi noble qu'utile; le soldat lit son *Bulletin* avec grand plaisir, soit au cantonnement, soit dans la tranchée, après avoir accompli sa tâche ou en rentrant du combat, car presque chaque jour nos valeureux soldats se battent avec ardeur, pour obtenir cette victoire complète, de laquelle nous sommes assurés; mais pour y arriver, la lutte, contre un adversaire solide, sera dure et longue, plus longue que ne le pensaient tous les soldats au début de la guerre.

En dehors du *Bulletin des Armées de la République*, l'auteur, qui depuis vingt ans écrit chaque année, pour nos recrues, ses *Instructions théoriques du Soldat, du Cavalier et de l'Artilleur par lui-même*, pour les aider dans leur instruction militaire et surtout pour leur former un cœur de patriote avec un moral solide, pour en faire de vrais soldats dévoués à leur patrie, au drapeau, ayant le respect de la discipline et des supérieurs et pour leur apprendre que les forces morales du soldat vivifient les armes et les moyens matériels, et qu'elles seules permettent d'arriver à la victoire absolue, l'auteur de ces *Instructions théoriques* a pensé qu'il serait bon, maintenant que nous allons entrer dans le septième mois de la guerre, de venir en aide à nos défenseurs.

Il importe de leur faire mieux connaître la situation actuelle, les idées du Gouvernement et du peuple français et de leur donner des conseils militaires sur l'instruction du soldat en campagne, sur la tenue et sur l'hygiène. Il faut en somme les aider à faire tout leur devoir, pour que la France, confiante en eux, reconnaissante de leur héroïsme, les acclame à leur prochain retour.

Que ces vaillants soldats de l'armée active, de sa réserve et de la territoriale, de toute l'armée française, dans laquelle j'avais, au début de la guerre, trois fils officiers, dont l'un vient de mourir à la suite de ses graves blessures du combat, après avoir été cité à l'ordre de l'armée, que ces soldats, dis-je, acceptent ces quelques pages qui expriment l'idée de chaque famille, de chaque Français, qu'ils soient tous convaincus, nos défenseurs, qu'aujourd'hui il n'y a en France qu'un seul vœu, qu'une seule volonté : le bien-être de notre armée qui travaille avec patience et ardeur à la défense du Pays et de la Civilisation.

Janvier 1915.

Commandant F. CHAPUIS.

TABLE DES MATIÈRES

Pages

Dédicace V

Avant-Propos VII

Chapitre I. — Considérations générales sur la situation de la France et sur l'esprit de l'Allemagne. 1

Chapitre II. — Conseils militaires. (Instruction.) 35

Chapitre III. — Principales opérations de la guerre. 66

Conclusion 102

LE LIVRE DU SOLDAT

DÉFENSEUR DE LA FRANCE

CHAPITRE I

CONSIDÉRATIONS GÉNÉRALES SUR LA SITUATION DE LA FRANCE ET SUR L'ESPRIT DE L'ALLEMAGNE

L'ATTAQUE BRUTALE DE L'ALLEMAGNE

La France a été l'objet d'une agression brutale et préméditée qui est un insolent défi au droit des gens.

Depuis quarante-quatre ans la France s'est relevée de sa défaite de 1870-1871 par sa volonté et par son travail, elle n'a usé de sa force rajeunie que dans l'intérêt du progrès et pour le bien de l'humanité; elle a toujours suivi une politique de prudence, de sagesse et de modération. Pendant que nous exprimions publiquement notre espérance de voir se poursuivre pacifiquement les négociations engagées en Europe à la suite de l'ultimatum de l'Autriche à la Serbie, l'Allemagne a essayé de nous surprendre traîtreusement en pleine conversation diplomatique.

Depuis que la sagesse de la France a réussi à établir en Europe, avec la Russie et l'Angleterre, la

« Triple Entente », l'Allemagne n'a jamais voulu l'accepter. Elle a toujours été prête à attaquer cette indépendance, cette dignité et cette sécurité que la Triple Entente avait conquises dans l'équilibre européen pour le service de la paix.

L'Allemagne a toujours eu une haine profonde contre la France, elle a depuis longtemps organisé dans tout son pays un militarisme extraordinairement exagéré, pour pouvoir nous battre et nous anéantir. En maintes circonstances nous l'avons trouvée contre nous, et cette fois, en 1914, elle nous a déclaré la guerre, à nous et à la Russie, et elle a violé la neutralité de la Belgique pour mieux nous atteindre, selon ses plans préparés d'avance.

L'Angleterre a voulu garder la France contre la flotte allemande, elle s'est bien franchement prononcée contre la violation de la neutralité de la Belgique, qu'elle a voulu faire respecter; elle a donc aussi déclaré la guerre à l'Allemagne.

La guerre qui existe en Europe n'est donc due qu'à l'Allemagne qui a rêvé de nous écraser et d'agrandir encore son territoire par la force, par la force contre le droit.

MOBILISATION

La France, pour faire face à l'Allemagne déchaînée contre elle, a mobilisé toutes ses troupes, toute sa belle et courageuse jeunesse, qui s'est levée toute frémissante pour défendre l'honneur du drapeau et le sol de la Patrie.

Le Président de la République, fidèle interprète de la nation unanime, a exprimé, en cette circonstance, à nos troupes et à tous les hommes mobilisables, l'admiration et la confiance absolue de tous les Français.

La mobilisation en France fut faite d'une façon admirable, précise, régulière et complète du 2 au 15 août 1914; chacun a suivi ponctuellement les ordres écrits sur son fascicule de mobilisation, en n'écoutant que son sentiment sacré du devoir national, pour prendre part à la lutte contre l'ennemi des Français. Chacun a voulu oublier ses intérêts particuliers et laisser au foyer sa famille, dont le pays s'occupera, pour faire la guerre à cet ennemi avide de posséder notre territoire, ses productions et nos richesses, à cet ennemi se riant de la civilisation et prêt à montrer sa barbarie, en exagérant encore le mot odieux de Bismarck : « La force prime le droit. » Chacun a voulu marcher contre ce peuple qui, oubliant le droit et la justice, se moquait de nous, de nos forces nationales françaises, de notre belle civilisation que tous les peuples du monde reconnaissent, admirent et respectent.

CONCENTRATION ET ORGANISATION DES TROUPES

Au fur et à mesure que la mobilisation se faisait et dès qu'elle était terminée dans les divers groupes, les corps de troupe, les brigades et les divisions se conformèrent aux ordres du plan de transport établi d'avance par l'État-major français dans le plan général de mobilisation et constamment tenu à jour, selon les variations des garnisons, des effectifs et selon les travaux sur les voies ferrées.

Les chemins de fer français firent alors un travail prodigieux, sous la direction de l'autorité militaire. Des quantités innombrables de trains partirent de toutes les garnisons de France aux jours et heures prescrits d'avance, en suivant les itinéraires fixés, et allèrent débarquer aux lieux désignés pour former les corps d'armée réunis, prêts à entrer en campagne avec leurs effectifs de guerre au complet.

La concentration des troupes réussit à merveille; elle fut remarquable.

A côté de l'organisation des corps d'armée et des armées, les divers services s'organisèrent également avec rapidité : les services administratifs, les intendances avec les services de ravitaillement, les trains des équipages, les services et les groupes d'aviation, les sections d'infirmiers, les hôpitaux, les ambulances avec leur personnel dévoué et préparé à son travail.

L'organisation de la France entière pour la mise sur pied de l'armée nationale fut bientôt prête et elle se poursuivit régulièrement.

Toutes les troupes des armées françaises furent placées sous les ordres du chef de l'État-major général de l'armée, du général Joffre, généralissime, qui a si bien su diriger l'armée française depuis sa formation.

En novembre dernier, M. Poincaré remettait au général Joffre, comme témoignage de la reconnaissance nationale, la Médaille militaire, cette simple et glorieuse médaille qui est l'emblème des plus hautes vertus militaires et que portent avec la même fierté les généraux illustres et les modestes soldats.

Puis, M. le Président de la République lui dit alors :

« Depuis le jour où s'est si remarquablement réalisée, sous votre direction, la concentration des forces françaises, vous avez montré, dans la conduite de nos armées, des qualités qui ne se sont pas un instant démenties : un esprit d'organisation, d'ordre et de méthode, dont les bienfaisants effets se sont étendus de la stratégie à la tactique, une sagesse froide et avisée, qui sait toujours parer à l'imprévu, une force d'âme que rien n'ébranle, une sérénité dont l'exemple salutaire répand partout la confiance et l'espoir.

« Je répondrai, j'en suis sûr, à vos désirs intimes en ne séparant pas de vous, dans mes félicitations, vos fidèles collaborateurs du grand-quartier général, appelés à préparer, sous votre commandement suprême, les opérations de chaque jour, et absorbés, comme vous, dans leur tâche sacrée. Mais, par delà les officiers et les hommes qui m'entourent en ce moment, ma pensée va rejoindre sur toute la ligne de front, des Vosges à la mer du Nord, les admirables troupes auxquelles je dois rendre, demain et les jours suivants, une nouvelle visite, et je traduirai certainement, mon cher Général, votre propre sentiment, si je reporte sur l'ensemble des armées une part de l'honneur que vous avez mérité.

« Dans les rudes semaines que vous venez de passer, vous avez consolidé et prolongé, par la défense des Flandres, la brillante victoire de la Marne; et grâce à l'heureuse impulsion que vous avez su donner autour de vous, tout a conspiré à vous assurer de nouveaux succès : une parfaite unité de vues dans le commandement, une solidarité active entre les armées alliées, un judicieux emploi des formations, une coordination rationnelle des différentes armes; mais, ce qui a plus particulièrement servi vos nobles desseins, c'est cette indomptable énergie morale qui se dégage de l'âme française et qui met en mouvement tous les ressorts de l'armée.

« Irrésistible force d'idéal, qui, depuis le début de la campagne, a permis à nos troupes de développer leurs qualités acquises et d'en gagner de nouvelles, de s'adapter à la pratique de l'organisation défensive sans perdre leur mordant, de résister également à la fatigue des combats ininterrompus et à la courbature des longues immobilités, de se perfectionner, en un mot, sous le feu de l'ennemi, tout en conservant, au milieu des mille nouveautés de la guerre, leur entrain, leur fougue et leur bravoure.

« Le jour où il deviendra possible de passer en revue quelques-uns des actes de dévouement et de courage qui s'accomplissent quotidiennement parmi vous, il sera démontré par les faits que jamais, au cours des siècles, la France n'a eu une armée plus belle et plus consciente de ses devoirs. Cette armée, d'ailleurs, ne se confond-elle pas avec la France elle-même? Et n'est-ce pas la France, la France tout entière, sans acception de partis ou de conditions sociales, qui s'est levée à l'appel du Gouvernement de la République, pour repousser une agression perfidement préméditée? Tous les citoyens groupés sous les drapeaux n'ont plus qu'un cœur et qu'un esprit; et les vies individuelles sont prêtes à s'anéantir devant l'intérêt général. Dans ce sublime élan d'un peuple libre, les représentants du pays n'ont pas été les moins jaloux de payer leur dette à la patrie; et les présidents qui sont venus offrir aujourd'hui à l'armée les vœux des deux assemblées souffriront que je me joigne à eux pour envoyer d'ici un souvenir ému aux membres du Parlement tombés, morts ou blessés, sur les champs de bataille.

« Les deuils et les horreurs de cette guerre sanglante n'attiédiront pas l'enthousiasme des troupes; les pertes douloureuses que subit la nation ne troubleront pas sa constance et ne feront pas chanceler sa volonté. La France a épuisé tous les moyens pour épargner à l'humanité une catastrophe sans précédent; elle sait que, pour en éviter le retour, elle doit, d'accord avec ses alliés, en abolir définitivement les causes; elle sait que les générations actuelles portent en elles, avec le legs du passé, la responsabilité de l'avenir; elle sait qu'un peuple ne tient pas tout entier dans une minute, si tragique soit-elle, de son existence collective et que, sous peine de désavouer toute notre histoire, nous n'avons pas le droit de répudier notre mission séculaire de civilisation et de liberté.

« Une victoire indécise et une paix précaire exposeraient demain le génie français à de nouvelles insultes de cette barbarie raffinée qui prend le masque de la science pour mieux assouvir ses instincts dominateurs. La France poursuivra jusqu'au bout, par l'inviolable union de tous ses enfants, et avec le persévérant concours de ses alliés, l'œuvre de libération européenne qui est commencée, et lorsqu'elle l'aura couronnée, elle trouvera, sous les auspices de ses morts, une vie plus intense dans la gloire, la concorde et la sécurité. »

LA FRANCE ET SES ALLIÉS CONTRE L'ALLEMAGNE ET L'AUTRICHE

La cause que nous défendons n'a d'ailleurs pas que la France pour la faire triompher. L'Angleterre, la Russie, la Belgique, la Serbie, le Monténégro, le Japon, la Roumanie, joignent glorieusement leur action à la nôtre.

L'Allemagne et l'Autriche, que l'Italie leur ancienne alliée a abandonnées dans cette guerre contre le droit, n'ont trouvé que les Turcs pour se rallier à elles et suivre leur sort.

En dehors de toutes les troupes de nos alliés qui, avec nous, combattent l'Allemagne, nous devons saluer les troupes de nos colonies et des colonies de l'Angleterre qui se sont précipitées à notre secours avec un courage remarquable, tels les Indiens, les Canadiens, les Sénégalais, les Marocains, etc. A tous ces braves combattants nous devons adresser nos félicitations les meilleures, et leur dire que tous les peuples alliés savent qu'ils ont tous la commune et inébranlable résolution de poursuivre le combat sans merci, jusqu'à la libération définitive de l'Europe, gagée par une paix pleinement victorieuse.

LA VOLONTÉ DE TOUS LES FRANÇAIS
ET DU GOUVERNEMENT

En dehors de l'armée active et de ses réservistes mobilisés avec elle, il ne faut pas négliger de parler de notre armée territoriale. Elle sut également se mobiliser avec une bonne volonté remarquable; partout ses compagnies, ses escadrons, ses batteries, ses bataillons, ses régiments se formèrent et occupèrent leurs postes en se substituant sur tout le territoire à l'armée active, partie avec les corps d'armée sur les fronts de combat, en s'installant dans les places fortes et dans les forts pour les occuper et les défendre le jour où l'ennemi viendrait les assiéger.

En outre, dès les premières heures de la mobilisation, la garde ds voies des communications fut organisée, selon les indications prévues d'avance, pour assurer ce service important de la garde des voies ferrées, à partir du moment où les chemins de fer ont été sous les ordres de l'autorité militaire.

Les territoriaux employés à ce service l'ont fait avec fermeté et vigilance. Toutes les gares, tous les points dangereux, tous les travaux d'art ont été parfaitement surveillés et gardés; l'ennemi n'a pas osé les attaquer en présence de cette garde spéciale faite par nos troupes de vétérans. Le service intérieur des gares fut organisé d'une façon complète, avec une surveillance minutieuse des voyageurs, surtout dans les départements voisins de l'ennemi.

Toute cette armée territoriale a été l'honneur du pays; elle a partout obéi et accompli son devoir, et elle continuera à le faire jusqu'à la fin des hostilités.

Il faut aussi remarquer que certains groupes ou certains corps de la territoriale se portèrent sur le front de combat pour prendre part à la lutte sur les points où l'on eut besoin d'eux. Ils s'en sont montrés très dignes et ont su combattre avec vaillance.

Les territoriaux comme tous les mobilisés et notre armée active n'eurent qu'un seul but, qu'un seul idéal : la défense de la France attaquée brusquement, et le triomphe du droit foulé aux pieds par la volonté de la famille impériale d'Allemagne, par les Hohenzollern.

A l'élan de nos soldats, de nos réservistes, de nos territoriaux correspondait la ferme volonté de ceux qui restaient au foyer d'aider à la victoire en montrant une union complète et sacrée.

Le 4 août 1914, le Parlement et toute la nation ont unanimement ratifié les déclarations du Gouvernement de la République et ont juré de vaincre l'ennemi de la civilisation.

La France, d'accord avec ses alliés, a fait l'affirmation franche, loyale et énergique de n'abaisser ses armes qu'après avoir vengé le droit outragé, soudé pour toujours à la patrie française les provinces qui lui furent ravies il y a quarante-quatre ans, restauré l'héroïque Belgique dans la plénitude de sa vie matérielle, de son indépendance politique, et brisé le militarisme allemand afin de pouvoir reconstruire sur la justice une Europe enfin régénérée.

Depuis le début de la guerre, tous les Français, hommes et femmes, restés dans leurs foyers, se sont entièrement dévoués à tout ce qui touche à la défense nationale et à tout ce qui peut être utile à nos braves défenseurs. Pour bien faire ressortir l'idée de l'esprit français, nous ne trouvons rien de mieux que de donner ici, pour nos soldats, l'allocution que M. Deschanel, président de la Chambre des Députés, a prononcée, le 22 décembre 1914, à cette belle séance où l'on ne trouva plus de partis, où chacun n'a voté que dans la volonté de faciliter la défense, comme le proposait le Gouvernement de la République.

« Représentants de la France, élevons nos âmes vers les héros qui combattent pour elle !

« Depuis cinq mois, ils luttent pied à pied, offrent leur vie gaiement, à la française, pour tout sauver.

« Jamais la France ne fut plus grande, jamais l'humanité ne monta plus haut. Soldats intrépides, joignant à leur naturelle bravoure le courage plus dur des longues patiences; chefs à la fois prudents et hardis, unis à leurs troupes par une mutuelle affection, et dont le sang-froid, l'esprit d'organisation et la maîtrise ramenaient nos couleurs en Alsace, triomphaient sur la Marne et tenaient dans les Flandres; saintes femmes, versant aux blessures leur tendresse; mères stoïques; enfants sublimes, martyrs de leur dévouement; et tout ce peuple impassible sous la tempête, brûlant de la même foi : vit-on jamais en aucun temps, en aucun pays, plus magnifique explosion de vertus?

« Il semble qu'en cette heure divine, la Patrie ait réuni toutes les grandeurs de son histoire : vaillance de Jeanne la Lorraine et enthousiasme des guerres libératrices de la Révolution; modestie des généraux de la première République et confiance inébranlable de Gambetta; édit de Nantes éteignant les discordes civiles et nuit du 4 août effaçant les inégalités sociales.

« Ah ! c'est que la France ne défend pas seulement sa terre, ses foyers, les tombeaux des aïeux, les souvenirs sacrés, les œuvres idéales de l'art et de la foi, et tout ce que son génie répand de grâce, de justice et de beauté, elle défend autre chose encore : le respect des traités, l'indépendance de l'Europe et la liberté humaine. Oui, il s'agit de savoir si tout l'effort de la conscience, pendant les siècles, aboutira à son esclavage, si des millions d'hommes pourront être pris, livrés, parqués de l'autre côté d'une frontière et condamnés à se battre pour leurs conquérants et leurs maîtres, contre leur patrie, contre leur famille et contre leurs frères; il s'agit de savoir si la matière asservira l'esprit et si le monde sera la proie sanglante de la violence.

« Mais non! la politique, elle aussi, a ses lois immuables : chaque fois qu'une hégémonie a menacé l'Europe, une coalition s'est formée contre elle et a fini par la réduire. Or, l'Empire allemand, qui s'est constitué au nom du principe des nationalités, l'a violé partout, en Pologne, en Danemark, en Alsace-Lorraine, et nos provinces immolées sont devenues le gage de ses conquêtes.

« Et voici que l'Angleterre, visée au cœur, affronte les nécessités nouvelles de son destin, et, avec le Canada, l'Australie et les Indes, poursuit à nos côtés, dans le plus vaste drame de l'Histoire, sa glorieuse mission civilisatrice. Voici que l'Empire russe, à la voix de l'héroïque Serbie, se dresse, vengeur des opprimés, vainqueur prédestiné des ambitions germaines. Voici que la Belgique, miracle d'énergie, foyer d'honneur, offre à l'univers, sur ses ruines fumantes, l'exemple souverain de la grandeur morale. Voici que le Japon, réparant les injustices commises envers les peuples d'Extrême-Orient, nous envoie l'heureux présage des délivrances nécessaires.

« Le monde veut vivre enfin. L'Europe veut respirer. Les peuples entendent disposer librement d'eux-mêmes.

« Demain, après-demain, je ne sais! Mais ce qui est sûr — j'atteste nos morts! — c'est que tous, jusqu'au bout, nous ferons tout notre devoir, pour réaliser la pensée de notre race : le Droit prime la Force! »

TRAVAIL GÉNÉRAL ACCOMPLI PAR L'ARMÉE FRANÇAISE

Nous indiquerons plus loin, dans le chapitre III, les opérations de combat des armées, où nous y relaterons les grands actes accomplis par nos troupes. Ces actions principales ont été admirées et acclamées par tous les Français et les alliés qui luttent avec nous pour la même cause, contre l'entreprise audacieuse de l'armée allemande, qui, dans ses opérations, ne fit pas la guerre telle qu'on l'a toujours faite, telle qu'on la comprend, mais qui fit preuve d'une barbarie extraordinaire et d'un mépris des lois et des traités que sa nation elle-même avait acceptés et signés avec les autres puissances de l'Europe, se moquant ainsi du droit et de l'équité.

Elle a bombardé des villages et les villes ouvertes, en visant tous les monuments, les hôpitaux, les ambulances, les édifices publics et les églises; elle a pillé les maisons particulières en y enlevant les objets précieux, les effets et les meubles; elle a brûlé et détruit de nombreuses maisons, des villages entiers; elle a fusillé de nombreux civils, hommes, femmes, vieillards et enfants; elle a fait prisonnières de nombreuses populations civiles qu'elle a expédiées en Allemagne.

Dans cette guerre meurtrière contre la formidable armée allemande, les corps d'armée et les corps de réserve de l'armée française, organisés en armées, étaient placés sous les ordres des généraux de division Pau, Foch, Franchet d'Esperey, d'Urbal, de Maud'huy, de Castelnau, Dubail, Bonneau, Sarrail, de Langle, etc...

Toutes ces armées ont été placées, comme nous l'avons déjà dit, sous les ordres supérieurs du généralissime, le général Joffre.

Ces corps d'armée et ces armées ont lutté avec courage et avec ténacité, sans se laisser influencer par les fatigues continuelles, parfois bien pénibles, qu'elles eurent à éprouver, sans crainte des blessures, sans frayeur de la mort sur le champ de bataille, où tant de braves ont succombé pour arriver au but voulu. Partout on n'a rencontré que vaillance, courage et héroïsme avec la certitude d'une victoire définitive, avec la vision du droit, de la justice et avec l'idéal de la patrie.

Ce sont ces armées qui ont réussi leur tâche en Haute-Alsace, en Lorraine aux environs de Nancy; elles ont remporté la grande victoire de la Marne, qui a délivré de l'envahissement Paris dont les Allemands n'étaient qu'à deux jours de marche. C'est encore avec cet esprit de résistance que nos armées ont combattu, dans le nord de la France, le long de la côte de la mer du Nord et sur les frontières de la Belgique, avec la vaillante armée belge et avec la solide et audacieuse armée anglaise. C'est toujours avec ce grand esprit moral que nous avons remporté la victoire des Flandres contre l'acharnement allemand qui, avec des forces colossales, excitées et encouragées par le Kaiser en personne, voulait absolument s'emparer de Dunkerque, de Calais et de Boulogne, nos ports de la mer du Nord.

Nos troupes ont subi des pertes, mais partout elles ont résisté à l'armée allemande et l'ont empêchée d'arriver où elle voulait aller, grâce à l'habileté de nos chefs et à la volonté absolue de nos soldats de lutter contre cet ennemi de notre territoire et de nos foyers.

Ne pouvant plus se porter en avant, les Allemands reculèrent; mais n'osant pas franchir les frontières pour rentrer chez eux, ils s'arrêtèrent sur le grand front du nord et du nord-est de la France et s'organisèrent défensivement de façon à pouvoir rester là sur place en attendant le moment de prononcer d'autres attaques. Ils firent sur ce front des travaux de fortification formidables au delà de l'Aisne et du territoire de Reims.

Nos armées les suivirent pas à pas et elles durent s'installer sur une ligne proche et parallèle à celle de l'ennemi, en creusant des tranchées innombrables qui servent de retranchements pour les tireurs, d'abris et de cantonnements pour les troupes et les divers régiments, lesquels en général ne sont qu'à des distances assez courtes de l'ennemi, à 500 ou 600 mètres ; de nombreuses tranchées ne sont distantes que de 300 ou 200 mètres, quelques-unes même sont encore plus rapprochées.

C'est dans ces tranchées qu'aujourd'hui on admire nos troupes qui savent avec courage s'y installer en se tenant toujours prêtes à attaquer et à se porter en avant.

Mais la guerre de tranchées, telle qu'elle se pratique, n'est certainement pas celle qui, dans la pensée de nos généraux, doit nous délivrer de l'ennemi. Elle ne pourrait aboutir que par l'épuisement, c'est-à-dire dans un délai dont il serait difficile de fixer le terme, à son expulsion de nos départements et du sol de la Belgique et à notre entrée sur le territoire allemand où nous sommes résolus à le poursuivre.

Nous savons, et nous ne devons pas l'ignorer, que nous ne tarderons pas à nous trouver en présence d'une augmentation considérable des effectifs allemands. Nous-mêmes nous aurons des effectifs nouveaux, fournis par nous et par l'Angleterre. Espérons que ces contingents seront suffisants et même supérieurs pour contre-balancer ceux qui nous seront opposés.

Ce n'est qu'avec de gros effectifs supérieurs à ceux des Allemands, pourvus d'armes et d'abondantes munitions, bien instruits, bien entraînés, que nous en finirons avec l'horrible guerre qui ruine l'Europe et décime nos jeunes générations.

Avec notre ardeur, avec notre héroïsme, avec nos effectifs, avec les succès des armées russes, avec la crainte que les Allemands ont de l'intervention du Japon en Europe, de la Roumanie et de l'Italie, nous ferons perdre aux Allemands l'espoir d'échapper à la déroute finale qu'ils seront incapables alors de retarder.

Non, il n'est pas déplacé de répéter une fois de plus que la force morale est, à la guerre, l'élément essentiel du succès.

Cette force, elle fait défaut à l'Allemagne, qui n'a pour elle que la puissance matérielle qui doit succomber.

La force morale, dont le général Joffre n'a cessé de donner l'exemple depuis cinq mois, nous lui devons la victoire de la Marne et les succès consécutifs obtenus sur l'Aisne, en Picardie, en Artois et dans les Flandres.

Certes notre ennemi, quand il nous a déclaré la guerre, était militairement organisé d'une façon que l'on peut dire supérieure, et son plan de campagne touchait à la perfection; mais à ce plan manquait la prévision d'ordre psychologique, de ce que ferait la Belgique, sous son Roi, pour rester fidèle aux lois de l'honneur.

Comment Guillaume II aurait-il été capable de prévoir cela?

L'héroïsme du petit peuple belge a sauvé la France et l'Europe, en nous donnant le temps de prendre les dispositions commandées par les circonstances, et, de son côté, la France, pleine d'une gratitude émue pour tant de courage et de loyauté, a tout mis en œuvre pour donner asile aux armées et au Gouvernement de l'admirable roi Albert, en attendant qu'elle puisse leur rendre un territoire agrandi, plus prospère et plus beau que jamais.

Le général Bonnal ajoute ensuite que c'est ainsi que se définit et s'affirme la force morale entre honnêtes gens, entre peuples honnêtes.

L'autre, celle qui ne compte que sur la brutalité, la ruse et la violence, nous venons de voir une fois de plus comment l'empereur Guillaume l'emploie et l'honore.

Où est la force morale, chez ce peuple et chez cet empereur?

C'est là un exemple de plus de ce que l'on a toujours dit, que la réputation militaire de l'Allemagne est surfaite, que ce n'est pas un véritable esprit guerrier qui l'anime, mais un bas militarisme fait de violence, appliqué sans noblesse et sans principe supérieur.

Aussi faut-il espérer que les alliés, quand ils auront remporté la victoire qui s'esquisse à l'horizon, imposeront à l'Allemagne vaincue l'obligation de dissoudre son armée et de n'avoir plus qu'une gendarmerie. Il faut que l'Europe supprime pour jamais cet odieux caporalisme afin d'écraser définitivement « dans l'œuf » toute aigle impériale.

Pendant la saison d'hiver, avec les pluies, avec la neige et le froid, il faut que nos soldats conservent le courage et le bon esprit qu'ils ont montrés jusqu'à présent, pour savoir rester sur place aussi bien dans les tranchées que face à l'ennemi, dans des combats partiels quelque nombreux qu'ils puissent être. Toutes nos troupes sont donc remarquables, elles émerveillent le peuple entier, qui leur sera reconnaissant de leur endurance et qui saura prendre chez elles des exemples de sagesse, de volonté et de patience.

Infanterie. — L'infanterie a été partout victorieuse; elle a montré un zèle étonnant avec un moral splendide. Elle a su combattre par tous les temps, de jour comme de nuit, et sur tous les terrains. Elle a su employer son feu avec précision et avec justesse en utilisant la bonne hausse.

Elle a bien su faire de violentes et belles attaques à la baïonnette et enlever des positions par sa lutte énergique corps à corps.

Cavalerie. — La cavalerie a fort bien rempli ses divers services. Elle a su explorer, elle a su éclairer et faire avec audace de bonnes reconnaissances très utiles et sans aucune crainte. Très souvent elle dut faire du combat à pied; elle s'en est très bien tirée, elle a su faire un bon usage de son feu et elle a su même aller parfois jusqu'à l'attaque corps à corps.

En somme, notre cavalerie a été toujours pleine d'activité et d'audace.

Artillerie. — Notre artillerie de campagne surtout a été remarquée par le monde entier. Elle s'est toujours trouvée où son action était utile, elle a beaucoup aidé la marche de l'attaque de l'infanterie. Le canon de 75 a été la terreur des troupes allemandes : partout où il les a frappées il leur a occasionné des pertes énormes. Nos artilleurs, gradés et canonniers, sont remarquables; ils sont tous d'habiles pointeurs et savent parfaitement utiliser leur matériel. Ce qui nous a manqué au début de la guerre, c'était de l'artillerie lourde; nous n'en avions pas assez. Mais depuis la fin de décembre, les communiqués officiels annoncent que notre artillerie lourde a pris une supériorité écrasante sur celle de l'ennemi. Les grosses pièces des Allemands sont réduites au silence, leurs batteries détruites, leurs tranchées bouleversées, leurs convois de ravitaillement dispersés...

Cela signifie tout simplement que notre canon

de 105, notre canon de 155 et même nos gros obusiers de 260 viennent d'entrer en ligne.

Quant au canon de 105, on peut dire que c'est le chef-d'œuvre des auteurs du 75, MM. Deport et Sainte-Claire-Deville. Son tir est aussi rapide que celui de notre merveilleuse pièce de campagne : il a les mêmes qualités de précision; il « fauche » à la perfection, et ses projectiles, plus lourds, ont de foudroyants effets.

Le 155 a également son utilité démontrée dans l'œuvre actuellement poursuivie par nos troupes.

En somme, nos troupes bien armées sont à même de tenir tête aux Allemands.

La guerre actuelle est longue et lente, oui, mais que le généralissime soit loué de cette lenteur dont l'Allemagne est en train de mourir.

En effet, de ce que les armées allemandes du front occidental sont obligées, pour nous faire face, d'occuper une ligne de 500 à 600 kilomètres d'étendue, il résulte qu'elles ne disposent pas des puissantes réserves avec lesquelles on réalise les gros événements.

La même critique pourrait être adressée aux alliés si l'on ne savait que la situation des deux partis opposés est loin d'être la même. Les Allemands se croient obligés d'attaquer et, comme ils ne peuvent le faire en grand, ils exécutent leurs attaques par séries de huit ou dix jours, tantôt sur un point, tantôt sur un autre, en employant le seul procédé qui leur soit familier, je veux dire l'attaque par masses. La vulnérabilité de cette formation fait que leurs pertes atteignent un chiffre incroyable.

De notre côté, la résistance, qui s'appuie sur des défenses solidement organisées, ne nécessite pas une grande dépense de vies humaines et, comme notre état moral reste excellent, le général Joffre assure l'inviolabilité du front en économisant le plus qu'il peut le sang de ses soldats.

L'ÉTAT DE LA FRANCE ET SA VOLONTÉ

L'état général de la France est excellent; ses ressources sont assurées; c'est là une certitude qui doit être partagée par tous nos militaires des armées, qui doivent être garantis contre tout souci de l'avenir du pays et qui doivent être assurés que la France n'aura besoin de rien pendant la guerre.

Ils doivent aussi savoir que la volonté générale du peuple français est que nous ne devrons déposer les armes que lorsque nous et nos alliés aurons remporté une victoire complète, qui écrasera les Allemands et qui assurera la paix entière de l'Europe civilisée.

Rien ne saurait mieux indiquer cette situation de la France que la déclaration du Gouvernement, lue à la Chambre des Députés et au Sénat le 22 décembre dernier, et qui a été ensuite affichée dans toutes les communes de France. Nous la reproduisons ci-après :

« Messieurs, cette communication n'est pas la déclaration coutumière dans laquelle un gouvernement qui se présente pour la première fois devant le Parlement précise sa politique. Il n'y a, pour l'heure, qu'une politique : le combat sans merci jusqu'à la libération définitive de l'Europe, gagée par une paix pleinement victorieuse.

« C'est le cri qui s'est échappé de toutes les poitrines lorsque, dans la séance du 4 août, s'est levée, comme l'a si bien dit M. le Président de la République, « l'union sacrée qui, à travers l'histoire, sera « l'honneur du pays ». C'est le cri que répètent tous les Français, après avoir fait disparaître les désaccords où nous nous sommes si souvent acharnés et qu'un ennemi aveugle avait pris pour des divisions irrémédiables. C'est le cri qui s'élève des tranchées glorieuses où la France a jeté toute sa jeunesse et toute sa virilité.

« Devant ce surgissement, inattendu pour elle, du sentiment national, l'Allemagne a été troublée dans l'ivresse de son rêve de victoire. Au premier jour du conflit, elle niait le droit, elle appelait la force, elle méprisait l'Histoire et pour violer la neutralité de la Belgique et envahir la France, elle invoquait l'unique loi de l'intérêt. Depuis, son Gouvernement a compris qu'il lui fallait compter avec l'opinion du monde et il a récemment tenté une réhabilitation de son attitude en essayant de rejeter sur les alliés la responsabilité de la guerre. Mais, au-dessus de tous les pesants mensonges qui n'abusent même plus les crédulités complaisantes, la vérité est apparue. Tous les documents publiés par les nations intéressées et, hier encore, à Rome, le sensationnel discours d'un des plus illustres représentants de la noble Italie, témoignent de la volonté depuis longtemps arrêtée par nos ennemis de tenter un coup de force. Si besoin était, un seul de ces documents suffirait à éclairer le monde; lorsque, à la suggestion du Gouvernement anglais, toutes les nations en présence furent sollicitées de suspendre leurs préparatifs militaires et d'instituer une négociation à Londres, le 31 juillet 1914, la France et la Russie adhérèrent à ce projet. La paix était sauvée, même à cette heure suprême, si l'Allemagne avait suivi cette initiative. Or, l'Allemagne brusquait la situation, déclarait, le 1er août, la guerre à la Russie et rendait l'appel aux armes inéluctable. Et si l'Allemagne, diplomatiquement, brisait la paix dans son germe, c'est parce que, depuis plus de quarante ans, elle poursuivait inlassablement son but — qui était l'écrasement de la France pour arriver à l'asservissement du monde.

« Toutes les révélations sont apportées à ce tribunal de l'Histoire où il n'y a pas de place pour la corruption. Et, puisque, malgré leur attachement à la paix, la France et ses alliés ont dû subir la guerre, ils la feront jusqu'au bout.

« Fidèle à la signature qu'elle a attachée au traité du 4 septembre dernier, et où elle a engagé son honneur, c'est-à-dire sa vie, la France, d'accord avec ses alliés, n'abaissera ses armes qu'après avoir vengé le droit outragé, soudé pour toujours à la patrie française les provinces qui lui furent ravies par la force, restauré l'héroïque Belgique dans la plénitude de sa vie matérielle et de son indépendance politique, brisé le militarisme prussien, afin de pouvoir reconstruire sur la justice une Europe enfin régénérée.

« Ce plan de guerre et ce plan de paix ne nous sont pas inspirés, Messieurs, par quelque présomptueuse espérance. Nous avons la certitude du succès. Nous devons cette certitude à notre armée tout entière, à notre marine qui, jointe à la marine anglaise, nous procure la maîtrise des mers, aux troupes qui ont repoussé au Maroc des agressions sans lendemain; nous la devons aux soldats qui défendent notre pavillon lointain dans ces colonies françaises qui, dès le premier jour, se sont retournées d'un tendre élan vers la mère patrie. Nous la devons à notre armée dont l'héroïsme fut guidé par des chefs incomparables à travers la victoire de la Marne, la victoire des Flandres, dans maints combats; à la nation qui a su faire correspondre à cet héroïsme l'union, le silence, la sérénité dans les heures critiques. Ainsi nous avons pu montrer au monde qu'une démocratie organisée peut servir par une action vigoureuse l'idéal de liberté et d'égalité qui fait sa grandeur. Ainsi nous avons pu montrer au monde, comme le disait le général en chef qui est à la fois un grand soldat et un noble citoyen, « que la République peut être fière de « l'armée qu'elle a préparée ». Ainsi ont pu apparaître, dans cette guerre impie, toutes les vertus de notre race, et celles qu'on nous accordait — l'initiative, l'élan, la bravoure, la témérité — et celles qu'on nous déniait : l'endurance, la patience, le stoïcisme. Saluons, Messieurs, tous ces héros! Gloire à ceux qui sont tombés dans le sillon avant la victoire et gloire à ceux qui par elle les vengeront demain. Une nation qui suscite de tels enthousiasmes est impérissable.

« A l'abri de cet héroïsme, la nation a vécu, travaillé, acceptant toutes les conséquences de la guerre, et la paix civile n'a jamais été troublée. Avant de quitter Paris, à la demande expresse de l'autorité militaire, à l'heure et dans les conditions fixées par elle, et après avoir organisé, d'accord avec le général en chef des armées, la défense de la capitale, le Gouvernement avait commencé à prendre toutes les mesures nécessaires à l'existence de la nation. Il a usé du droit que lui avait remis le Parlement de régler toutes matières. Dans cette œuvre complexe et délicate, à la fois ample et minutieuse, dont, d'ailleurs, partie est soumise à votre ratification, il a, en gardant la mesure, pu assurer le fonctionnement des services publics, suscité partout les initiatives collectives et individuelles, noué les relations économiques, en vue du ravitaillement, entre différentes régions, surveillé et aidé l'effort continu pour arriver à l'égalité des charges militaires. Il ne fut certes pas exempt d'erreurs et il a profité quelquefois des suggestions et même des critiques qui lui sont advenues, comme il convient dans une démocratie où chaque citoyen, et le plus humble, est le collaborateur des Pouvoirs publics.

« Par l'organe de M. le ministre des Finances, qui vous en a fait un exposé magistral, la situation financière vous a été révélée. Les ressources qui nous sont venues de l'émission des bons du Trésor et des avances de la Banque de France nous ont permis de supporter les dépenses imposées par la guerre et nous n'avons pas eu besoin de recourir à un emprunt. La Banque de France est en état, grâce à son excellente situation, de fournir des ressources au Trésor et d'aider à la reprise de la vie économique. Tout témoigne de la vitalité de la France, de la sûreté de son crédit, de la confiance qu'elle inspire à tous malgré une guerre qui ébranle et appauvrit le monde. Le billet de banque qui fait prime partout, l'escompte des billets de commerce qui s'accroît chaque jour, le relèvement du produit des impôts indirects, tout cela est la manifestation de la force économique d'un pays qui s'est adapté avec aisance aux difficultés nées d'un trouble profond et qui affirme ainsi devant tous que l'état de ses finances lui permet de continuer la guerre jusqu'au jour où les réparations nécessaires seront obtenues.

« Messieurs, il ne nous aura pas suffi de saluer les victimes tombées sur le champ de bataille. Nous devons nous découvrir aussi devant les victimes civiles, victimes innocentes que, jusqu'ici, les lois de la guerre avaient protégées et que, pour essayer de terrifier une nation qui est restée et restera inébranlable, l'ennemi a capturées ou massacrées. Vis-à-vis de leurs familles, et c'était chose aisée, le Gouvernement a fait son devoir. Mais la dette du pays n'est pas éteinte. Sous la poussée de l'invasion, des départements ont été occupés et des ruines y sont accumulées. Le Gouvernement prend devant vous un engagement solennel et qu'il a déjà en partie exécuté, en vous proposant une première ouverture de crédit de 300 millions. La France redressera ses ruines, en escomptant certes le produit des indemnités que nous exigerons, et, en attendant, à l'aide d'une contribution que la nation entière paiera, fière, dans la détresse d'une partie de ses enfants, de remplir le devoir de la solidarité nationale.

« Ainsi, répudiant la forme du secours, qui indique la faveur, l'État proclame lui-même le droit à la réparation au profit de ceux qui ont été victimes, dans leurs biens, des faits de guerre, et il remplira son devoir dans les limites les plus larges que permettront les capacités financières du pays et dans les conditions qu'une loi spéciale déterminera pour éviter toute injustice et tout arbitraire.

« Messieurs, le jour de la victoire définitive n'est pas encore venu. La tâche, jusque-là, sera rude. Elle peut être longue. Préparons-y nos volontés et nos courages. Héritier du plus formidable fardeau de gloire qu'un peuple puisse porter, ce pays souscrit d'avance à tous les sacrifices. Nos alliés le savent. Les nations désintéressées dans le conflit le savent et c'est en vain qu'une campagne effrénée de fausses nouvelles a essayé de surprendre en elles une sympathie qui nous est acquise. Si l'Allemagne, au début, a feint d'en douter, elle ne doute plus. Qu'elle constate, une fois de plus, qu'en cette heure le Parlement français, après plus de quatre mois de guerre, a renouvelé devant le monde le spectacle qu'il a offert le jour où, au nom de la nation, il a relevé le défi. Le Parlement a toute autorité pour accomplir à nouveau cette œuvre. Il est depuis quarante-quatre ans à la fois l'expression et la garantie de nos libertés, il sait que le Gouvernement accepte avec déférence son contrôle nécessaire, que sa confiance lui est indispensable et que sa souveraineté sera toujours obéie. C'est cette souveraineté même qui accroît la puissance de la démonstration dont il a déjà donné l'exemple. Pour vaincre, il ne suffit pas de l'héroïsme à la frontière; il faut l'union au dedans. Continuons à préserver de toute atteinte cette union. Aujourd'hui, comme hier, comme demain, n'ayons qu'un cri : la victoire; qu'une vision : la patrie; qu'un idéal : le droit. C'est pour lui que nous luttons, que luttent la Belgique qui a donné à cet idéal tout le sang de ses veines, l'inébranlable Angleterre, la Russie fidèle, l'intrépide Serbie, l'audacieuse marine japonaise, les héroïques Monténégrins. Si cette guerre est la plus gigantesque que l'Histoire ait enregistrée, ce n'est pas parce que des peuples se heurtent pour conquérir des territoires, des débouchés, un agrandissement de la vie matérielle, des avantages politiques et économiques; c'est parce qu'ils se heurtent pour régler le sort du monde. Rien de plus grand n'est jamais apparu au regard des hommes : contre la barbarie et le despotisme, contre le système de provocations et de menaces méthodiques que l'Allemagne appelait la paix, contre le système de meurtres et de pillages collectifs que l'Allemagne appelle la guerre, contre l'hégémonie insolente d'une caste militaire qui a déchaîné le fléau, avec ses alliés, la France émancipatrice et vengeresse, d'un seul élan, s'est dressée. Voilà l'enjeu. Il dépasse notre vie tout entière. Continuons donc à n'avoir qu'une seule âme, et demain, dans la paix de la victoire, restitués à la liberté aujourd'hui volontairement enchaînée de nos opinions, nous nous rappellerons avec fierté ces jours tragiques — car ils nous auront faits plus vaillants et meilleurs. »

L'OUTRECUIDANCE DE L'ALLEMAGNE

Ses idées, son dédain de la France.

Nous croyons utile de communiquer à nos braves troupiers qui ont devant eux comme ennemis les Allemands, la façon audacieuse de ceux-ci de nous juger et de nous considérer comme une race usée.

Quelques extraits des morceaux choisis de la littérature d'outre-Rhin publiés par les journaux nous indiquent exactement cette misérable façon de penser des Allemands. Apprenons à la connaître; de manière à bien savoir pourquoi nous voulons les battre et les réduire au silence.

La restauration de l'Empire allemand à Versailles a été le point de départ de tout un mouvement d'idées dont nous pouvons aujourd'hui mesurer l'importance. Peu d'années après la guerre de 1870-1871, le géographe Daniel, dont les ouvrages ont été répandus dans toutes les écoles, écrivait déjà ces paroles significatives : « *L'Allemagne n'est pas seulement le centre historique du vieux continent, c'est aussi le cœur de l'Europe, qui est elle-même le cœur du monde.* »

Le professeur Hummel disait de son côté :

« De même que dans l'organisme le cœur a pour fonction de faire circuler à travers les membres un sang qui renouvelle les parties vieillissantes et active les plus jeunes, *de même l'Allemagne a pour mission de rajeunir, par la diffusion du sang germanique, les membres épuisés de la vieille Europe.* »

La guerre de 1870 fut présentée dans les livres d'histoire comme un épisode d'une lutte séculaire, d'une lutte qui remplit l'histoire de l'Europe. « La rivalité entre les Français et les Allemands, écrivait un publiciste, ne peut se borner à la question d'Alsace, nous devons avoir de plus grandes ambitions. L'agrandissement de l'Empire est exigé par l'accroissement de notre population et par le besoin que nous éprouvons de nouveaux débouchés. La concentration est la loi de notre temps. Aussi la culture allemande doit s'imposer aux petites cultures de ces nationalités sans importance dont on s'occupe beaucoup trop maintenant. Il faut que les petits peuples comprennent qu'ils feraient mieux de se joindre au milieu culturel vers lequel ils se sentent le plus attirés ou vers lequel leur situation géographique les pousse. »

Cette idée se retrouve chez un grand nombre d'écrivains.

« L'Allemagne, a écrit l'historien Giesebrecht, a un droit de domination parce qu'elle est une nation d'élite, *une race noble*, à qui revient le droit d'agir sur ses voisins. Elle a un droit analogue à celui qui fait que tout homme doué de plus d'esprit ou de force a le devoir d'agir sur les individus plus ou moins bien doués qui l'entourent. » Et M. Woltmann, le fondateur de la *Revue d'Anthropologie politique*, auteur d'un livre sur les Allemands en France, n'hésite pas à écrire que le Germain est le type supérieur du *homo sapiens*.

Contre la race latine.

C'est surtout au détriment de la France que doit se faire cet agrandissement « nécessaire » de l'Allemagne. Les Français ne sont-ils pas une race usée? « La race latine, écrit le professeur Reimer, est à bout de forces, elle est appelée à dépérir peu à peu. La race germanique est jeune, vigoureuse, pleine d'initiative; l'avenir appartient aux peuples du Nord, ils ne font que débuter dans le rôle glorieux qu'ils sont appelés à jouer pour le bien de l'humanité. De même que la Prusse a été le noyau de l'Allemagne, de même l'Allemagne sera le noyau du futur Empire d'Occident. Le moment est venu d'assurer au germanisme la place qui doit lui revenir sur le globe. »

Nietzsche, tout en développant ses théories fameuses sur le surhomme, ne dissimulait pas son effroi de voir se former le bloc monstrueux de l'Allemagne prussifiée. Il parlait en termes sympathiques des vertus des petits peuples libres et des droits de la conscience individuelle, mais Nietzsche passe aujourd'hui pour un esprit étroit. L'expansion de l'Allemagne, lui répond Paul Rohrbach, est exigée par l'accroissement de sa population et les aspirations légitimes du germanisme. C'est une nécessité historique qu'imposent les progrès de la civilisation. Hollandais, Suisses, Flamands sont en conséquence invités à se rendre compte que, tôt ou tard, ils doivent faire retour au « centre culturel de la civilisation allemande ». La théorie de l'avenir, c'est la théorie du droit à l'expropriation des races incompétentes. Au surplus, l'Allemagne a des droits imprescriptibles sur un certain nombre de départements français qui doivent être considérés terres allemandes, soit parce que la plupart des habitants sont de race germanique, soit parce qu'ils ont été jadis dans une certaine dépendance vis-à-vis de l'Empire. Ces départements sont les « marches de l'Ouest », que la France s'est appropriées à l'époque de l'impuissance de l'Allemagne et de l'égoïsme des empereurs. La France ne doit avoir d'autres limites que celles que lui avait données, en 843, le traité de Verdun, c'est-à-dire la séparation du bassin de la Seine et des bassins de la Meuse et de l'Escaut.

Régime de terreur.

Pour réaliser ces progrès grandioses, on ne peut se dispenser de faire appel à la force. La force ne passe-t-elle pas avant le droit? *Macht geht vor Recht.* C'est sur la force que le droit se fonde, la source de toute propriété n'est-ce pas la conquête?

Quand on considère dans son ensemble l'évolution du nouvel Empire, on peut dire qu'il apparaît essentiellement comme une machine à développer la force. A l'instigation de la Prusse, toute l'activité de l'Allemagne s'est tournée vers l'acquisition de la puissance. La puissance c'est la vraie mesure de la valeur d'un peuple. Ceux qui dirigent les destinées du pays ont voulu se persuader et surtout persuader aux Allemands, dont beaucoup étaient très éloignés de ces rêves insensés, que l'Allemagne était devenue la première puissance du monde dans tous les domaines. Ils ont déclaré bien haut et répété sur tous les tons que l'Allemagne devait s'imposer au monde par une volonté de puissance capable de briser tous les obstacles, sans se laisser distraire par aucune considération sentimentale, sans se laisser rebuter par aucun obstacle. L'un des moyens d'affirmer sa puissance, c'est de terroriser. « Quand on ne parvient pas à se faire aimer, a dit un jour M. de Bülow, il faut au moins se faire craindre. »

Que le temps est loin maintenant où l'Allemagne apparaissait comme la terre classique de l'idéalisme et du rêve !

La profondeur de pensée, qu'on admire chez un Leibnitz ou un Kant, un Goethe ou un Schiller, la noblesse de sentiments, les préoccupations désintéressées, qui constituent l'humanité supérieure, ne sont plus regardées que comme une idéologie que dédaignent la plupart des penseurs (1) de l'Allemagne contemporaine.

L'enseignement à tous les degrés ne s'inquiète que des « réalités ». Les Universités elles-mêmes nous apparaissent, suivant l'expression du professeur Dubois Reymond, comme la garde du corps intellectuelle des Hohenzollern. M. René Cruchet nous a montré, dans un livre très instructif, comment, à Strasbourg, on a cherché à faire de l'Université de cette ville un centre pour la formation d'hommes allemands, pour le développement de la science allemande et de l'esprit national allemand !

Le culte de la force qui a envahi l'âme des populations germaniques aboutit à soutenir que la force doit primer la faiblesse, que la monade supérieure doit soumettre ou absorber la monade inférieure. Il a peu à peu développé chez les populations germaniques un orgueil incommensurable. Il leur a inspiré une admiration ridicule pour l'armée, grâce à laquelle, suivant les paroles mêmes de Guillaume, le peuple allemand sera le « bloc de granit sur lequel le bon Dieu pourra terminer son œuvre de civilisation du monde ». Mirabeau avait dit jadis plus simplement : « La guerre est l'industrie nationale de la Prusse. »

Par le fer et par le sang.

On ne peut étudier le mouvement des idées dans l'Allemagne actuelle sans être frappé de l'ardeur que mettent un grand nombre de publicistes à faire l'éloge de la guerre. « La guerre, dit Wagner, donne aux peuples forts la place dont ils ont besoin pour grandir. Si nous voulons nous développer, il faut reconnaître la nécessité de la guerre. La guerre est le cri d'éveil pour les peuples sains, le cri de mort pour les peuples malades. »

Le maréchal de Moltke avait déjà dit : « La guerre est sainte, elle a été instituée par Dieu : elle entretient chez les hommes les nobles sentiments, l'honneur, le désintéressement, la bravoure ; elle empêche l'humanité de tomber dans le matérialisme. » Cette thèse était aussi celle de Bismarck. « La grande question du temps, disait-il le 30 septembre 1862, quelques jours après sa nomination à la présidence du ministère prussien, ne sera pas décidée par des discours ou des décisions de majorité, elle sera tranchée par le fer et par le sang. »

Ce n'est pas seulement pour nous faire peur que Guillaume parlait volontiers de tenir sa poudre sèche et son épée aiguisée. Nous voyons aujourd'hui ce que valait son pacifisme ; cet hypocrite couronné est digne de son illustre ancêtre Frédéric II, qui publiait, en 1740, son *Anti-Machiavel* et qui, l'année suivante, mettait à profit les embarras de Marie-

Thérèse pour lui prendre la Silésie. Nous avons aujourd'hui la preuve éclatante que la duplicité est dans le sang des Allemands. Bismarck n'écrivait-il pas, le 5 avril 1866, à un ministre de François-Joseph : « Rien n'est plus éloigné de la pensée de S. M. le roi de Prusse qu'une attitude offensive contre le roi d'Autriche »? Quelques jours après, il signait avec l'Italie le traité d'alliance qui devait avoir pour conséquence la victoire de Sadowa. Ne déclarait-il pas, en 1869, au général hongrois Türr et au général français Ducrot, qu'il était très opposé à une guerre avec la France? Quelques mois plus tard, il provoquait cette guerre au moment qu'il jugeait opportun, par la falsification de la dépêche d'Ems. M. de Bethmann-Hollweg, qui considère les traités et les engagements internationaux comme des « chiffons de papier », est digne de son illustre maître. C'est la préparation à la guerre qui a inspiré sa politique, c'est en demandant l'augmentation continue des forces militaires qu'il a répondu aux observations de ceux que paraissaient inquiéter les progrès du militarisme. Nous savons aujourd'hui quel cas il faisait des propositions de réduction des armements que Sir Edward Grey avait faites au Parlement anglais.

L'heure décisive.

Le Kronprinz a été plus franc. Il n'a pas craint de collaborer au livre *L'Allemagne en armes* qui fit tant de bruit au mois de mai 1914. « Ce n'est, disait-il, qu'appuyé sur notre bon glaive allemand que nous pourrons conquérir la place au soleil qui nous revient. » Et naguère encore, il envoyait une lettre de félicitations au colonel Frobenius, auteur d'une brochure portant ce titre significatif : *L'Heure décisive*, tandis que le fameux général von der Goltz écrivait dans son livre sur la nation armée : « C'est avec une curiosité particulière que nous voyons venir la guerre prochaine. Ce ne sera plus la lutte de deux armées, ce sera la rencontre de deux peuples; on déploiera de part et d'autre une grande force morale pour la lutte à outrance, beaucoup d'intelligence pour chercher à s'anéantir. La pensée d'une grande guerre pour assurer la grandeur de l'Allemagne n'est pas une chimère; c'est une idée qui se réalisera un jour. Le rêve d'une paix universelle n'a jamais pu prendre naissance qu'aux époques sans idéal, qu'aux époques de décadence et de relâchement. » « C'est pour nous, ajoutait le général Keim, président de la Ligue militaire, une nécessité de réaliser notre principe d'offensive rapide; il faut renforcer nos armements, la dernière loi militaire est insuffisante. Nous ne pouvons réussir qu'en prenant l'offensive. Il ne faut pas que nos ennemis puissent réunir des forces supérieures aux nôtres, capables d'encercler ou d'anéantir nos armées. »

C'est avec de pareilles doctrines qu'on excuse toutes les violences, toutes les cruautés, toutes les fourberies, tous les mensonges; c'est pour faire triompher de pareilles doctrines qu'on bombarde les villes ouvertes, qu'on brûle, qu'on pille, qu'on terrorise. Frédéric-Guillaume le disait déjà en 1813 : « Le combat auquel la nation est appelée sanctifie tous les moyens. Les plus terribles sont les meilleurs. » Terroriser et effrayer, n'est-ce pas un moyen d'affirmer cette « volonté de puissance » qui doit assurer le triomphe du germanisme en Europe? Et on a l'outrecuidance de demander à Dieu de bénir ceux qui cherchent à faire triompher de pareilles conceptions comme si elles pouvaient se concilier avec les préceptes du christianisme!

UN BEL ET JUSTE ÉLOGE DE NOS SOLDATS PAR M. POINCARÉ

Le Président de la République a adressé la lettre suivante à M. Millerand, ministre de la Guerre :

« Mon cher Ministre,

« Après une longue série de violents combats, nos armées et les troupes alliées ont réussi à repousser les attaques désespérées de l'ennemi. Elles ont fait preuve, dans cette nouvelle phase de la guerre, de qualités aussi admirables que dans la victorieuse bataille de la Marne.

« A mesure que se développent les hostilités, le soldat français, sans rien perdre de son ardeur et de sa bravoure, acquiert plus d'expérience et adapte mieux ses vertus naturelles aux exigences des opérations militaires. Il conserve une incomparable force d'offensive et s'accoutume, en même temps, à la patience et à la ténacité.

« Sous le feu de l'ennemi, s'établit entre les chefs et les hommes une intimité confiante, qui, loin d'altérer la discipline, l'ennoblit encore par la conscience éclairée de la solidarité dans le dévouement et le sacrifice.

« Chaque fois qu'on revient au milieu des troupes, on est émerveillé par cette abolition totale de l'intérêt personnel, par ce glorieux anonymat du courage, par la grandeur de cette âme collective où se fondent tous les espoirs de la race.

« Et lorsque, à portée des projectiles, devant un horizon que les éclatements d'obus couvrent de fumée ou déchirent de lueurs, on voit des paysans tranquilles pousser leur charrue et ensemencer leur sol, on comprend mieux encore combien sont inépuisables, sur notre vieille terre de France, les provisions d'énergie et de vitalité.

« Je vous prie, mon cher Ministre, de vouloir bien transmettre mes nouvelles félicitations au général en chef, aux commandants d'armées, aux commandants de corps d'armée, à tous les officiers, sous-officiers et soldats. Je les enveloppe tous dans une même admiration.

« L'armée est digne du pays, comme le pays est digne de l'armée. La France est invincible parce qu'elle est sûre de son droit et qu'elle a foi dans son immortalité.

« Croyez, mon cher Ministre, à mes sentiments dévoués.

« R. Poincaré. »

CHAPITRE II

CONSEILS MILITAIRES

INSTRUCTION MILITAIRE

CONSIDÉRATIONS GÉNÉRALES

Grâce à nos précédentes lois de 1889, de 1905 et de 1913 sur le recrutement, tous les militaires mobilisés ont reçu une instruction militaire, sauf quelques-uns des ajournés ou des classés dans les services auxiliaires. Nous n'avons donc, en général, qu'à recommander à tous nos soldats qui forment aujourd'hui nos armées de bien vouloir continuer, comme ils l'ont fait jusqu'à ce jour, à se souvenir de ce qu'ils ont appris et ont fait dans leurs anciens corps de troupe.

L'application de tout ce service ancien, faite aujourd'hui au milieu des hommes de l'armée active et des plus jeunes réservistes, donne et donnera de bons résultats, surtout quand on y va de bon cœur et de bonne volonté pour la défense du pays contre un ennemi acharné comme le sont les Allemands. Nous devons non seulement tenir en respect l'ennemi sur tout le front, mais nous devons aussi avancer. C'est d'ailleurs ce qui se passe en ce moment; partout nous avons l'offensive; elle est plus accentuée dans certaines parties du front, c'est dans l'ordre des choses; ce qu'il faut, c'est qu'elle soit continue et progressive pendant cette véritable guerre de siège, où la sape agit en maître.

Dans l'ensemble, nos progrès sont relativement lents; mais c'est la conséquence de cette guerre de siège que nous soutenons. Elle nous a conduits à l'emploi de moyens et même d'engins qui ne sont utilisés que dans l'attaque et la défense des places, ce qui exige du temps et de la patience.

Il est certain qu'à la guerre le nombre est un des principaux facteurs; mais cependant ce n'est pas le nombre absolu qu'il faut envisager pour rester dans le vrai, mais le nombre utile et utilisable. Or, pour que le nombre remplisse ces conditions, il faut que les forces qu'il représente aient un moral, un entraînement et une bonne instruction militaire qui en fassent une troupe solide et utilisable, bien encadrée. Sous le rapport de l'encadrement, on peut affirmer que nous avons, dans notre race, des éléments d'encadrement supérieurs à ceux de nos ennemis.

Mais en outre de l'encadrement, il y a l'instruction. Nos mobilisés ont été instruits antérieurement, ils ont un moral excellent et la volonté de vaincre l'adversaire; ils savent que les alliés de la France leur sont d'une aide énorme, mais il ne faut pas hésiter à repasser à l'occasion tous les mouvements et tous les exercices, qui peuvent déterminer chez ces troupes des résultats sérieux et attendus.

En dehors des hommes actuellement sous les drapeaux, il faut songer aux recrues des jeunes classes appelées, aux engagés volontaires et aux diverses catégories rappelées; ils doivent tous être instruits. Il faut qu'ils soient réunis dans des camps où de grands efforts peuvent être fournis sans risques pour la santé et sans perte de temps.

« On connaît l'aphorisme, dit le général de Lacroix, l'ancien généralissime de notre armée française : la victoire est aux gros bataillons; on peut dire surtout qu'elle est aux bons bataillons. » Faisons donc, avec des cadres choisis et permanents, de bons bataillons, avant de les envoyer au front.

Nous recommandons à tous ces hommes qui sont à l'instruction de ne rien négliger pour bien apprendre à manœuvrer et de toujours mettre en pratique dans la suite ce qu'ils auront appris.

Quant à ceux qui ont été mobilisés dès le début de la guerre, ils ont déjà combattu avec succès; aussi nous ne leur dirons que peu de choses pour maintenir leur instruction à jour et pour qu'ils forment des troupes absolument utilisables dans la main de leurs chefs. Ceux-ci ne négligent rien pour parvenir au but voulu et savent ne pas compter ni avec les fatigues ni avec les risques.

Les points principaux à toujours surveiller et à revoir, à tous les moments disponibles, sont surtout le tir et l'attaque à la baïonnette.

Revoyons aussi les devoirs envers les supérieurs, la tenue, l'équipement, les devoirs au combat et les rôles des différentes armes au combat.

DEVOIRS ENVERS LES SUPÉRIEURS

Tout supérieur, officier, sous-officier ou caporal et brigadier, doit être respecté et obéi par tous les soldats.

On lui doit le salut en toutes circonstances.

L'inférieur s'adresse à son supérieur avec politesse et déférence.

Le supérieur parle à l'inférieur avec fermeté, sans morgue ni raideur; le tutoiement est interdit.

Le soldat doit considérer ses supérieurs, surtout les officiers, comme des chefs et des amis; il doit leur accorder la confiance la plus absolue, leur obéir et se dévouer pour eux, car eux aussi se dévouent pour le soldat.

Les officiers et les soldats sont solidairement liés dans l'accomplissement d'une mission unique : la défense du sol national contre l'ennemi de la patrie; ils collaborent en commun, selon les degrés de la hiérarchie, à un même devoir national.

L'autorité de l'officier est incontestable; elle est des plus légitimes. C'est l'officier qui crée l'armée, qui doit l'entretenir; c'est sa valeur intellectuelle et morale qui fait la force de cette armée.

Nous sommes absolument assurés que tous les soldats actuels de nos armées sont animés des meilleurs sentiments de discipline, que tous tiennent à ce que notre armée soit forte et solide par une cohésion remarquable. Tous obéissent donc aux gradés et respectent leurs officiers.

TIR

Le soldat doit chercher à devenir un bon tireur; lorsqu'il sera persuadé et pénétré de son adresse au tir il sera grandi sur le champ de bataille: ni la démoralisation ni la frayeur ne l'atteindront jamais.

Quelle que soit l'arme à laquelle il appartienne, la valeur d'un soldat, fantassin, cavalier ou artilleur, augmente avec son adresse dans le tir. Cette adresse lui donne, à juste titre, plus de confiance en lui-même.

A la guerre, le bon tireur atteindra sûrement son adversaire et le mauvais tireur a plus de chances d'être atteint par lui.

Les moyens dont peut disposer le soldat sur le champ de bataille dépendent essentiellement de sa valeur morale, qui dépend elle-même de son habileté individuelle et de sa façon de bien tirer.

Nous nous permettons donc de recommander à chaque soldat et aux gradés de profiter de leurs quelques heures libres pour s'exercer aux principaux exercices de tir, au pointage et à l'exercice du départ du coup.

Les règles de l'emploi de la hausse doivent être absolument sues et bien comprises; elles peuvent s'oublier; aussi nous croyons qu'il est utile de les rappeler; elles seront utiles à beaucoup.

INSTRUCTION DU TIREUR

La *trajectoire* est la courbe que décrit la balle pendant son trajet dans l'air.

La *ligne de tir* est l'axe du canon indéfiniment prolongé, dans la position du pointage.

La *ligne de mire* est celle qui est déterminée par le milieu de la ligne qui joint les bords supérieurs du cran de mire et par le sommet du guidon.

La *portée* est la distance du point de départ de la balle à son point de chute.

La *portée maxima* du fusil est actuellement de 3.200 mètres.

Tirer un coup de fusil sur un point déterminé. —

Mise en joue.

C'est réunir en une seule opération les trois opérations ci-après : *Pointer l'arme.* — *La maintenir en direction.* — *Agir sur la détente.*

Pointer. — C'est diriger la ligne de mire sur le but à atteindre.

On maintient bien l'arme en direction en prenant régulièrement et avec calme la position du tireur et de joue, en conservant l'œil toujours lié à la ligne de mire et en diminuant l'amplitude des oscillations de l'arme, de manière à maintenir la ligne de mire sur le point à viser.

Étant en joue, serrer l'arme à la poignée, agir sur la détente avec l'extrémité antérieure de la deuxième phalange du doigt pour amener la seconde bossette de la détente contre le dessous de la boîte de culasse, marquer un temps d'arrêt, retenir sa respiration, et à l'instant où la ligne de mire passe par le point visé, laisser partir le coup, en fermant *lentement* le doigt d'un mouvement continu et *sans saccade.*

La hausse. — Elle sert à donner au fusil l'inclinaison voulue pour atteindre le but visé.

L'inclinaison est d'autant plus grande que la distance est plus éloignée.

Maniement du curseur. — On couche la planche en avant ou en arrière pour manier le curseur entre le pouce et l'index.

Vitesse du tir. — C'est le nombre de balles qu'un homme tire dans une minute.

Effet utile. — C'est le nombre de balles qu'un tireur met dans le but en une minute.

Règles d'emploi de la hausse. — Il y a trois règles d'emploi de la hausse qui sont :

1° De 0 à 250 mètres, viser par le cran de mire du pied de la planche (planche rabattue en avant);

2° De 250 à 800 mètres, viser par le cran de mire de l'arrière de la planche (rabattre la planche sur son pied, placer le curseur sur le gradin correspondant à la distance indiquée);

3° De 800 mètres à 2.400 mètres, viser par le cran de mire du curseur, le bord supérieur du curseur à hauteur du trait marquant la distance.

Des traits et des chiffres gravés sur les côtés de

la planche indiquent les distances de 100 en 100 mètres (sur le côté droit les centaines impaires, sur le côté gauche les centaines paires); des petits traits intermédiaires donnent les distances de 50 mètres en 50 mètres.

Prendre la hausse correspondant à la distance indiquée.

Dans le cas d'une distance comprise entre deux graduations consécutives, prendre la hausse supérieure.

Aux distances de combat rapproché, prendre la

Tireur utilisant l'angle d'un mur comme abri et appui.

hausse de 400 mètres, qui répond, dans presque tous les cas, aux nécessités du moment.

Le *soldat isolé* doit tirer le moins possible : en

principe, quand il en a reçu l'ordre, quand il doit pourvoir à sa propre défense, ou quand d'urgence il doit signaler la présence de l'ennemi.

Il a son fusil toujours approvisionné et charge au moment de tirer.

Il cherche avant tout à voir, puis à se couvrir ou à s'abriter, enfin à trouver un appui pour son arme. Avec calme il apprécie la distance et juge s'il doit tirer; il estime simplement si le but est plus près que 250 mètres, entre 250 et 400, entre 400 et 500 mètres ou à 600 mètres.

Le soldat isolé ne doit pas tirer à plus de :

400 mètres sur un isolé (fantassin ou cavalier);

600 mètres sur un groupe d'au moins 4 hommes.

Tireur abrité des vues de l'ennemi.

Ne pas tirer à des distances supérieures; il est avantageux d'attendre que le but soit plus rapproché.

Règles de tir pour le soldat isolé :

1° Prendre la hausse de la distance évaluée;

2° Le point à viser est le bord inférieur de la partie visible du but.

Si le but se déplace transversalement, on vise le bord du côté de la marche de ce but.

Par un vent soufflant de côté, on vise le bord d'où vient le vent;

3° Tirer lentement coup par coup;

4° Observer l'effet de son tir;

5° Faire usage de la répétition dans les circonstances pressantes.

Les hommes doivent souvent s'exercer à prendre les positions du tireur, surtout celles à genoux et couché, ces deux positions étant à peu près les seules qui puissent s'employer au combat.

MUNITIONS

Chaque homme doit apporter un soin particulier à emporter avec lui toutes les cartouches qu'on lui remet. Il doit veiller à ne jamais en perdre. Les cartouches sont le sang qui met le fusil en vie. Dans le combat il faut savoir les employer d'une façon utile et pratique, sans aucun gaspillage.

Toutes les fois qu'un camarade de la compagnie s'arrête, soit comme blessé, soit comme hors de combat, il faut qu'un voisin ait soin d'aller rapidement lui enlever toutes ses cartouches et de les distribuer entre quelques camarades; elles leur seront des plus utiles.

C'est là d'ailleurs une prescription de règlement.

ENTRETIEN DES ARMES

L'entretien du fusil et du revolver doit être répété chaque jour. C'est un devoir principal du soldat, surtout étant en campagne, de maintenir son fusil ou son revolver dans un état parfait de propreté.

En effet, le fantassin ou tout militaire qui n'aurait pas un fusil fonctionnant parfaitement, ne serait plus un soldat utile dans le combat et il serait lui-même sans défense. C'est pourquoi chacun doit considérer ce devoir comme un des principaux.

Les gradés doivent d'ailleurs y veiller, sous leur responsabilité, et exiger que chacun ait ses armes en parfait état.

Il ne faut négliger aucune pièce, soit du canon,

soit de la culasse, et ne pas oublier la baïonnette, si précieuse pour l'attaque.

COMBAT A LA BAÏONNETTE

Le combat à la baïonnette est d'une importance capitale. Les Français l'ont toujours pratiqué; mais aujourd'hui il est devenu indispensable.

C'est une manière terrible et définitive d'accoster l'ennemi.

Lorsque l'attaque à la baïonnette a lieu avec entrain et précipitation par une troupe bien décidée, l'ennemi tremble et il y a toutes les chances pour qu'il abandonne rapidement la situation qu'il occupe.

La lutte à la baïonnette est une lutte de deux volontés, de deux actions opposées s'acharnant réciproquement à se détruire. C'est une lutte violente où tous les muscles entrent en jeu, où la pensée dirige l'action, où la volonté s'intensifie, où l'adresse prime la force, où l'agilité l'emporte sur la résistance, où l'énergie triomphe. C'est une lutte empoignante au suprême degré, lutte où le Français saura toujours affirmer sa supériorité!

Exerçons-nous toujours à cette vaillante attaque à la baïonnette, à cette vieille vertu guerrière, grâce à laquelle autrefois nous avons vaincu bien qu'ayant l'infériorité du nombre.

Est-ce que la *furia francese* ou l'esprit d'offensive pourrait cesser d'exister?

Non. Les combats actuels nous affirment que la *furia francese* ou l'esprit d'offensive existe toujours.

La *furia francese* c'est toujours la vision claire et nette du guerrier français se précipitant pour atteindre l'ennemi et l'abattre de son glaive. C'est la tactique séculaire qui valut à la France son extraordinaire passé de gloire, et que nous avions oubliée en 1870-1871.

Aujourd'hui, nous ne sommes plus dans cette léthargie; l'attaque à la baïonnette ne veut plus abandonner la lutte à la seule puissance absolue du feu.

A partir de ce jour, comme jadis, que tous les Français sous les armes avec le fusil et la baïonnette s'affirment ; qu'ils ne laissent pas l'esprit d'offensive à la baïonnette s'endormir.

Mes Amis, soldats défenseurs de la France, exercez-vous donc partout et toujours à faire de l'escrime à la baïonnette avec vigueur et énergie, et alors vous serez toujours prêts à l'appliquer contre les Allemands qui sont devant vous et que vous forcerez par ce moyen suprême à reculer ou à se rendre.

Cette lutte acharnée à la baïonnette vous rendra redoutables et brisera infailliblement la résistance des Allemands.

Soldats ! Le pays entier compte sur vous ! à l'attaque corps à corps vous réussirez toujours avec votre esprit audacieux et entreprenant.

L'assaut est d'ailleurs le couronnement nécessaire de toute attaque. Qu'il soit provoqué par l'initiative des chefs subordonnés ou par un acte du commandement, il est exécuté d'après les mêmes principes.

Dès que le moment de l'assaut devient proche, la baïonnette est mise au canon, et le mouvement se poursuit, alternant au besoin avec le feu, jusqu'au moment où, d'un seul bond ininterrompu, les tirailleurs entraînés par les officiers et les gradés prennent le pas de course et se jettent baïonnette haute sur l'adversaire, au cri de :

EN AVANT ! A LA BAÏONNETTE !

Les tirailleurs se groupent derrière leurs chefs et marchent contre les fractions adverses les plus voisines, les abordent, les détruisent à l'arme blanche ou les dispersent. Les clairons et tambours sonnent et battent la charge.

A la sonnerie de la charge, toutes les fractions de la chaîne, ainsi que les éléments encore disponibles qui se trouvent à proximité, se portent en avant. Aucune hésitation n'est permise. Le devoir d'appuyer immédiatement et avec tous ses moyens les groupes qui se lancent à l'assaut engage l'honneur militaire des chefs de tous grades.

TENUE ET ÉQUIPEMENT

La tenue réglementaire, ou aussi réglementaire que possible, est obligatoire en campagne. Un chef doit avoir en mains des hommes ayant une bonne tenue et pourvus de tout ce qui leur a été distribué.

On comprend aussi dans la tenue et dans l'équipement tous les effets supplémentaires donnés aux soldats pour les garantir dans les mauvais temps, surtout pendant l'hiver. Ces effets doivent être tenus convenablement et être toujours maintenus en état de propreté. C'est une des conditions absolues pour leur usage utile.

Ce n'est qu'avec une belle troupe que l'on peut être sûr du succès; ce n'est qu'avec une troupe bien équipée et bien habillée que l'on peut être sûr de passer convenablement la soirée, la nuit et le lendemain où de nouveau il faudra marcher et combattre.

Nous recommandons donc à tous les hommes de ne rien négliger dans leur tenue, dans leur paquetage, de ne rien égarer et de respecter tout ce qui leur a été confié. C'est là du patriotisme!

En outre de la tenue à l'état complet qui est obligatoire, il y a un autre point à observer, c'est la propreté de chaque effet, de chaque objet, que l'on doit entretenir aussi complètement que possible, malgré les difficultés rencontrées en campagne.

Tout cela est du domaine de la discipline, que chaque chef doit faire respecter, car il en est lui-même responsable.

En outre de tous les effets de tenue et d'équipement, il importe de recommander à chaque homme d'avoir un soin particulier à conserver son livret individuel, qui doit être dans le havre-sac ou dans le chargement, ainsi que la plaque d'identité qui doit toujours rester suspendue au cou.

Le blanchissage du linge, chemises, caleçons, mouchoirs, chaussettes, etc., doit se faire aussi régulièrement que possible, en utilisant pour cela les lieux où l'on peut faire un bon lavage.

Ce n'est pas toujours facile, mais le soldat français est assez ingénieux pour réussir.

En somme, la tenue a toujours été une chose reconnue comme précieuse chez le soldat français; nous lui recommandons donc de conserver cette belle habitude de tenue correcte; il s'en trouvera bien dans de nombreuses circonstances, il sera en règle avec les exigences légales du service militaire, en un mot il sera un soldat toujours présentable aux populations des villes et des villages et aux diverses troupes, et il sera ainsi l'orgueil de ses chefs.

TRAVAUX DE CAMPAGNE

La guerre actuelle a obligé tous nos soldats à exécuter des travaux de campagne. Un très grand nombre de ces ouvrages en lignes, ou tranchées, servent aujourd'hui de logements ou de cantonnements à des masses de troupes.

Nous jugeons utile de donner ici les quelques prescriptions suivantes, pratiques et d'ailleurs réglementaires.

On peut faire usage de la fortification de campagne pour abriter ou loger dans leur position d'attente ou de combat les troupes destinées à poursuivre sur place le combat. On utilisera, à cet effet, tous les mouvements de terrain qui s'y prêtent, et, à leur défaut, on organisera des couverts artificiels consistant le plus souvent en tranchées. On aura toujours soin de dégager les couloirs qui peuvent favoriser le mouvement d'offensive de ces troupes, ainsi que les cheminements défilés conduisant aux positions de repli.

L'organisation de ces positions de repli comporte la constitution de points d'appui solides qui doivent être précédés des travaux d'obstruction, destinés à interdire à l'ennemi des passages pour se porter en avant.

Il peut être avantageux pour ces troupes d'occuper les localités de faible étendue, les grandes fermes, les maisons isolées, les petits bouquets de bois, parce que leur mise en état de défense peut être rapidement exécutée avec un minimum de travailleurs.

Dans l'organisation d'un champ de bataille défensif, il y a lieu d'effectuer les travaux dans l'ordre d'urgence ci-après :

1° Travaux ayant pour but de faciliter l'action du feu (dégagement du champ de tir);

2° Création de couverts contre les feux et les vues;

3° Travaux de communications;

4° Travaux complémentaires; création des obstacles à la marche de l'ennemi.

La fortification n'est qu'un moyen et non un but; il ne faut en user qu'en se conformant aux nécessités tactiques et ne pas hésiter soit à renoncer à la protection qu'elle procure, soit à abandonner des installations déjà créées, pour aller plus loin en recommencer de nouvelles, si c'est nécessaire.

Enfin l'infanterie doit être à même d'exécuter les travaux les plus simples de la fortification de campagne renforcée, pour lesquels elle emploiera des outils d'un modèle plus fort que les outils portatifs.

Quelques modèles réglementaires :

TRANCHÉE POUR TIREUR ASSIS

Durée d'exécution ; 20' à 1h. — S'exécute avec des outils portatifs.

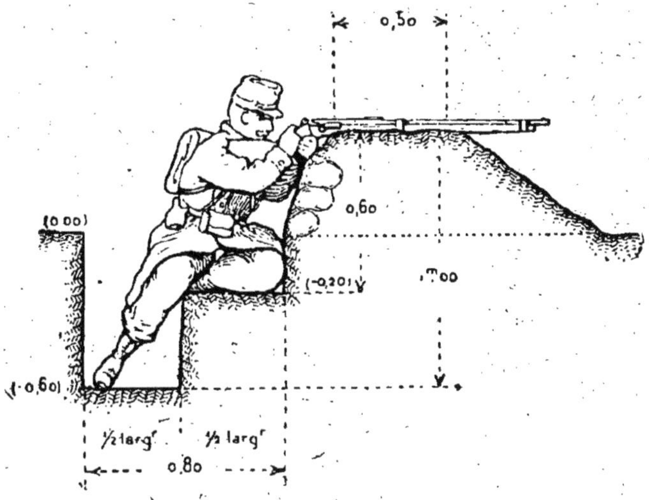

TRANCHÉE POUR TIREUR A GENOUX

Durée totale d'exécution : 30' à 1h 30. — S'éxécute avec des outils portatifs.

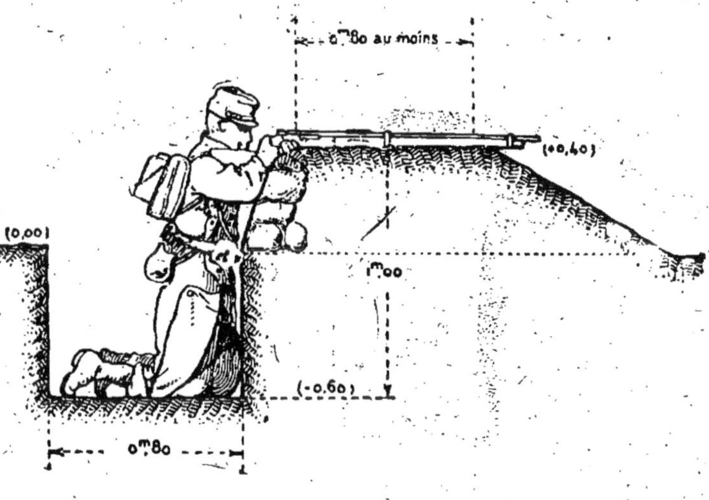

TRANCHÉE POUR TIREUR DEBOUT

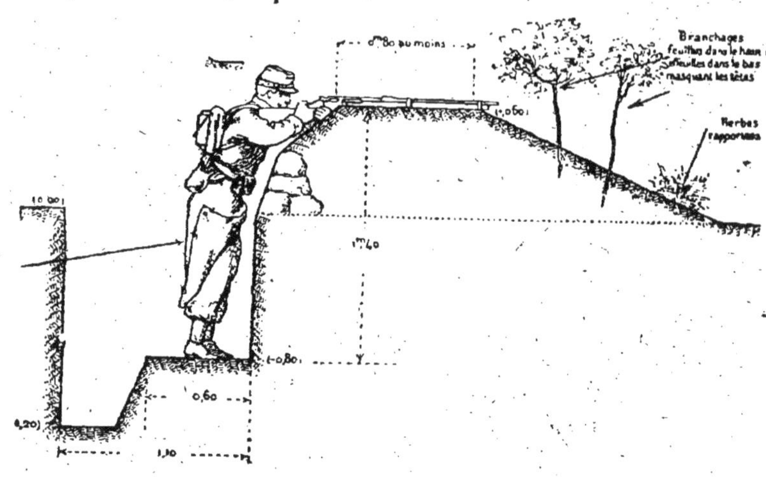

PROTECTION DES HOMMES EN POSITION D'ATTENTE

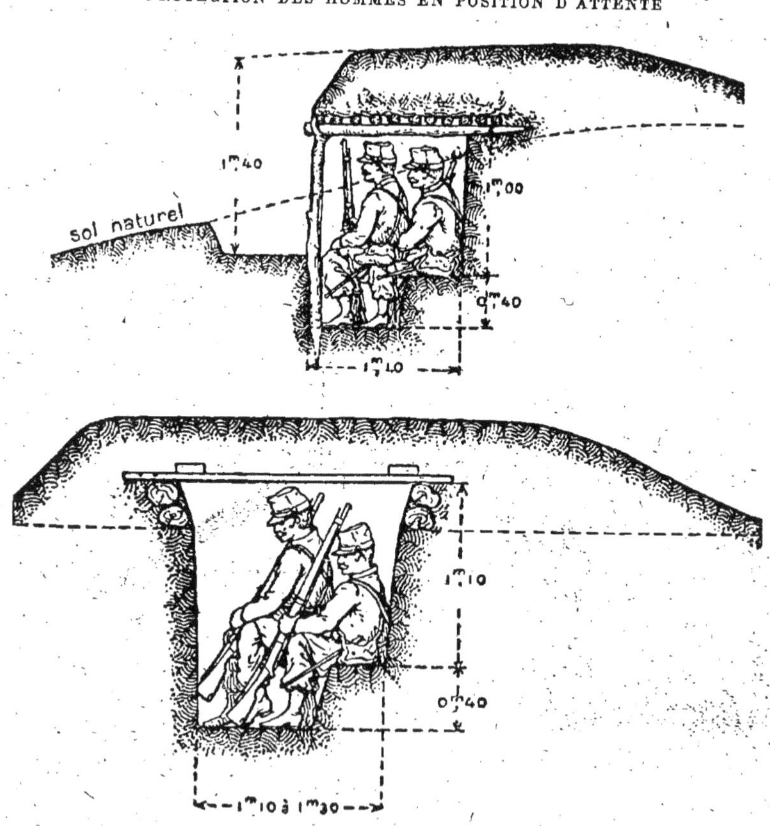

LE COMBAT

Généralités.

Quelle que soit la situation de l'infanterie au combat, les tâches que lui assigne le commandement consistent toujours à exécuter une attaque ou, dans certains cas, à défendre un front.

L'attaque ou la défense sont toujours poussées jusqu'au bout et, s'il le faut, jusqu'au sacrifice complet.

L'ardeur dans l'approche, l'opiniâtreté dans l'attaque, la ténacité dans la défense, sont les qualités maîtresses d'une bonne infanterie.

Les forces morales.

Les *forces morales* vivifient l'emploi des moyens matériels; elles dominent toutes les décisions des chefs et doivent inspirer tous les actes de la troupe.

L'honneur et le patriotisme suscitent les plus nobles dévouements; la discipline et la solidarité garantissent l'action du commandement et la convergence des efforts; la volonté de vaincre et l'esprit de sacrifice assurent le succès.

Propriétés et rôle de l'infanterie.

L'infanterie est l'arme principale. Elle conquiert et conserve le terrain. Elle chasse définitivement l'ennemi de ses points d'appui.

Elle est seule apte à combattre en tout temps, de jour comme de nuit, et sur tous les terrains.

L'infanterie agit par le mouvement et par le feu.

Seul, le mouvement en avant, poussé jusqu'au corps-à-corps, est décisif et irrésistible, mais il faut généralement que le feu, efficace, intense, lui ouvre la voie.

Sur un terrain très couvert ou la nuit, le feu n'a qu'une efficacité minime, et le combat peut se réduire à une approche suivie de l'attaque immédiate à la baïonnette.

Partout ailleurs, la combinaison du mouvement et du feu est le mode d'action de l'infanterie. Le mouvement en avant se poursuit le plus longtemps possible. Le feu n'est ouvert qu'aux distances où il peut être efficace et seulement lorsqu'il devient impossible à l'infanterie d'avancer sans tirer. La progression s'effectue par bonds rapides appuyés par le tir de l'artillerie et par le feu des fractions voisines jusqu'à ce qu'on soit assez rapproché de l'ennemi pour l'aborder d'un dernier bond à l'arme blanche, à la baïonnette.

La puissance de l'armement actuel rend impossible toute attaque en formation dense, effectuée de jour, en terrain découvert. L'élan offensif ne peut être maintenu qu'à la condition d'employer des formations souples et aussi peu vulnérables que possible. L'infanterie combat donc en tirailleurs.

Marche sous le feu de l'artillerie. — Dès que l'approche amène l'infanterie dans la zone qui peut être battue par l'artillerie adverse (environ 4 ou 5 kilomètres des positions susceptibles d'être occupées par l'artillerie de campagne), les chefs d'unité font prendre à l'avance les dispositions nécessaires pour soustraire leur troupe au feu sans ralentir la marche et en se maintenant dans la direction assignée.

C'est en dérobant ses mouvements aux vues et en progressant rapidement que l'infanterie échappe le plus facilement au feu de l'artillerie. Dans ce but, elle utilise les plis du terrain et y adapte ses formations; elle profite de tous les couverts importants, des bois étendus, des grosses localités, des lignes d'arbres élevés pour se rapprocher à l'insu de l'ennemi. Si le terrain est découvert, elle s'étale en largeur et en profondeur de façon à diminuer sa vulnérabilité.

Lorsqu'elle pénètre dans les zones battues par le feu de l'artillerie adverse, l'infanterie se forme en petites colonnes peu profondes, au besoin par petits groupes, qui se succèdent à intervalles différents, en accélérant l'allure. Les fractions qui sont obligées de s'arrêter prennent la position à genou ou couchée en serrant sur le rang de tête.

Les chefs de bataillon et les capitaines prescrivent au moment opportun les dispositions qui conviennent le mieux aux circonstances, en observant que l'obligation d'atteindre le but assigné en temps voulu doit primer le souci d'éviter des pertes. Le soin qu'ils prennent de prévoir les mesures propres à éviter les mouvements dangereux et les fatigues inutiles contribue à la bonne exécution de l'approche.

Marche à proximité de la cavalerie adverse. — L'infanterie n'a rien à craindre de la cavalerie, même supérieure en nombre, quand elle sait garder son sang-froid et faire usage de son feu.

C'est la mission propre des éléments qui assurent la protection des colonnes d'empêcher la cavalerie adverse de parvenir jusqu'à elles.

Les formations les meilleures, lorsque la cavalerie est dans le voisinage, sont celles qui permettent de faire face rapidement à la charge et de fournir des feux puissants. Si la cavalerie est signalée en avant, les sections de tête marchent déployées en tirailleurs; si, au contraire, il faut s'attendre à la voir paraître sur les flancs, c'est la colonne par quatre ou par deux qui permet le mieux de continuer à progresser et de rester prêt à faire face à l'attaque.

Un dispositif échelonné permet dans tous les cas à l'infanterie de poursuivre son mouvement tout en la mettant en situation de fournir des feux puissants en cas d'attaque.

Au moment de la charge de la cavalerie, toutes les unités qui sont directement menacées s'arrêtent, font face à l'ennemi par les mouvements les plus simples, mettent baïonnette au canon et ouvrent le feu au commandement des chefs de section. Les unités qui ne sont pas menacées continuent leur mouvement.

Si la charge de la cavalerie surgit à trop courte distance pour que le feu puisse être ouvert, les chefs de section font coucher les hommes.

L'ATTAQUE

L'attaque implique, de la part de tous les combattants, la volonté de mettre l'ennemi hors de combat en l'abordant corps à corps à la baïonnette.

Une unité d'infanterie qui a l'ordre d'attaquer doit mettre toute son énergie à gagner du terrain droit devant elle vers l'objectif assigné. Si elle est obligée de suspendre momentanément le mouvement en avant, elle met tout en œuvre pour le reprendre au plus tôt.

Marcher sans tirer le plus longtemps possible, progresser ensuite par la combinaison du mouvement et du feu jusqu'à distance d'assaut, donner l'assaut à la baïonnette et poursuivre le vainqu : tels sont les actes successifs d'une attaque d'infanterie.

Quelle que soit l'habileté des dispositions prises, si efficace que soit l'appui des autres armes, le succès de l'attaque dépend toujours, en fin de compte, de la bravoure, de l'énergie et de l'opiniâtreté de l'infanterie.

Une fois entamé, le combat est poussé à fond; le succès dépend plus encore de la vigueur et de la ténacité dans l'exécution que de l'habileté dans les combinaisons. Toutes les unités s'emploient donc avec la plus extrême énergie. La tâche des exécutants consiste :

Dans l'offensive : à attaquer droit devant eux sur l'objectif indiqué;

Dans la défensive : à arrêter l'ennemi en se sacrifiant au besoin jusqu'au dernier homme.

Les tirailleurs poursuivent le combat jusqu'à

l'assaut, ils ont besoin d'être constamment renforcés. Pour réaliser ce renforcement, le commandement doit disposer l'infanterie en profondeur, notamment sur les parties du front où il veut produire une action plus puissante et plus soutenue.

La tâche qui incombe à l'infanterie est particulièrement rude et laborieuse. Elle ne peut être remplie qu'au prix d'efforts prolongés et souvent renouvelés, d'une énorme dépense d'énergie physique et morale et de sacrifices sanglants.

La mission de l'infanterie, sur le champ de bataille, est donc glorieuse entre toutes.

Dans le détail, les soldats d'infanterie, qui tous sont les véritables éléments de la bataille, doivent se conformer aux observations générales suivantes :

Au combat, les fantassins portent leur fusil à

la main le canon en l'air ou en avant; ils doivent toujours être prêts à se servir de leur outil, pour améliorer le couvert naturel du terrain, si cela est nécessaire. Les tirs se font toujours avec attention, comme but et comme hausse, debout, à genou ou couché, selon le cas.

Si un camarade ne peut plus marcher comme blessé, on lui prend ses cartouches et on continue la lutte avec acharnement.

Dans la marche en avant, on se porte rapidement en avant, en utilisant les passages les plus abrités et les meilleurs, sans trop s'écarter de la direction et de l'alignement et en restant toujours sous les ordres de son chef. On ne s'arrête que sur l'ordre donné, et alors on commence le feu ajusté en visant avec soin et sans précipitation.

La marche et le feu sont ainsi continués jusqu'au moment où l'assaut à la baïonnette est entrepris avec ardeur, avec adresse et énergie pour forcer l'ennemi à abandonner sa situation.

Toujours il faut faire preuve d'opiniâtreté dans l'attaque et de ténacité dans la défense et se souvenir que la ferme volonté de vaincre conduit infailliblement au succès.

« ***Soldats d'infanterie,***

« L'armée dont vous faites partie est forte, solide et bien organisée. Nos armements, fusils et canons sont précis et puissants. Notre cavalerie et notre artillerie combattent avec vous, l'artillerie appuie l'infanterie, elle agit uniquement par son feu; pendant votre attaque, elle couvre de projectiles les objectifs sur lesquels marche l'infanterie; et la cavalerie, cette arme de la surprise, sera toujours prête à aider votre marche et à coopérer à vos attaques.

« Dans ces beaux et terribles combats, vous, soldats, qui avez une bonne instruction, militaire; vous, qui voulez vaincre pour la gloire de la

France, pour son bien-être et pour la tranquillité de l'Europe, pour le bien de votre industrie et de votre famille; vous qui avez du courage et de l'audace, qui êtes de réels combattants soit comme tireurs, soit comme escrimeurs à la baïonnette, soyez sûrs que vous remporterez la victoire, quel que soit le combat dans lequel vous vous lancerez en obéissant aux ordres avec passion et en ayant l'âme courageuse.

« Votre régiment, grâce à vous, sera vainqueur, et tous les Français vous en garderont un souvenir reconnaissant et durable.

« Votre travail assidu et votre volonté énergique feront de vous tous, simples soldats, des héros !

« Vive la France ! »

RÔLE GÉNÉRAL DE L'ARTILLERIE DANS LE COMBAT

Le canonnier doit être bien convaincu qu'en présence d'une artillerie en batterie :

1° Aucune troupe en formation dense ne saurait se mouvoir à découvert sous son feu, sans s'exposer à des pertes très sérieuses capables d'ébranler son moral et d'arrêter sa marche;

2° Les obstacles habituels du champ de bataille (murs, levées de terre, etc.) éprouvent, dans un temps très court, des effets de bouleversement et de destruction, qui seront, en général, suffisants pour en chasser les défenseurs. Toutefois, contre des positions que l'ennemi aura pu organiser à loisir, il sera parfois nécessaire de recourir à l'artillerie lourde.

La caractéristique de l'artillerie au combat c'est la rapidité et la précision. Le feu de l'artillerie ne peut, à lui seul, chasser l'ennemi de ses positions. Il n'a qu'une efficacité contre un ennemi abrité. Pour amener cet ennemi à se découvrir, il faut l'attaquer avec de l'infanterie. L'artillerie appuie l'infanterie en détruisant tout ce qui empêche celle-ci de progresser.

La coopération étroite et constante de l'infanterie et de l'artillerie s'impose donc au combat de la façon la plus absolue.

La tâche de l'artillerie sera considérablement facilitée si elle parvient à dominer les batteries adverses; mais la lutte d'artillerie ne doit avoir d'autre objet que de permettre à cette arme de disposer, par la suite, de plus de forces contre les objectifs d'attaque de l'infanterie.

Pendant l'attaque, l'artillerie couvre de projectiles les objectifs contre lesquels marche l'infanterie. Elle cherche à combiner, autant que possible, des feux de front et des feux d'écharpe, à la fois pour que le tir soit plus efficace et pour qu'il puisse être continué jusqu'au dernier moment.

Si l'assaut réussit, des fractions d'artillerie couronnent aussitôt les positions conquises, afin d'en affirmer la possession et d'entamer, sans retard, l'exploitation du succès.

En cas d'échec, c'est sous la protection du feu de l'artillerie que l'infanterie se reforme pour reprendre l'attaque.

L'artillerie suit le combat dans toutes ses phases; partout et toujours son action est nécessaire; elle détruit les forces de l'adversaire et facilite la marche en avant de la cavalerie et de l'infanterie. Elle ne perd jamais de vue son infanterie; toujours elle doit être là pour briser les résistances qui s'opposeraient à sa marche. Elle assure donc la victoire!

Le canonnier dans le combat doit être *consciencieux, alerte, attentif* et apporter la plus grande rapidité et la plus grande précision dans l'exécution des ordres.

Il suffit d'un seul servant opérant mal pour compromettre le tir d'une batterie.

Lorsqu'on est en réserve, il ne faut pas s'impatienter, mais attendre le moment prochain de se porter en avant.

Il faut toujours être à sa place dans le dispositif adopté.

Le canonnier doit donner à l'action toute son âme et être persuadé que l'issue de l'action générale peut dépendre de son action personnelle et de celle de sa pièce.

Une solidarité complète et la camaraderie du champ de bataille doivent exister entre toutes les troupes et entre les différentes armes.

Laissons les blessés sur le terrain, le personnel des ambulances vient derrière pour les ramasser et les soigner.

Soyons loyaux dans le combat et cléments pour le prisonnier et pour un ennemi blessé : ils doivent être respectés.

HYGIÈNE

CONSIDÉRATIONS GÉNÉRALES

L'*hygiène* est la science du savoir-vivre en tout ce qui concerne la conservation de la santé et le développement normal et esthétique du corps humain.

En campagne, les soins nécessaires pour une bonne hygiène ne sont pas toujours faciles à observer; mais cependant nous devons insister, auprès de tous nos soldats aux armées et auprès des gradés, pour que chacun fasse jusqu'à l'impossible pour arriver à se maintenir en bon état au point de vue hygiénique.

La négligence et le manque des soins ordinaires peuvent faire contracter des maladies qui deviennent dangereuses dans les armées, et qui peuvent amener des épidémies qui ont des suites déplorables dans les troupes en campagne.

Nous espérons donc que chacun voudra suivre et appliquer toutes les prescriptions ordonnées pour l'hygiène.

SOINS DE PROPRETÉ CORPORELLE

Soins corporels. — Une exquise propreté corporelle est la première condition pour bien se porter.

La peau de l'homme a diverses fonctions (1) : elle absorbe des gaz de l'air environnant et produit un certain dégagement d'acide carbonique; par la sueur elle élimine de l'eau, des sels minéraux, de l'urée, des produits excrémentiels, puis elle sécrète une matière grasse qui lui donne son onctuosité.

Pour bien remplir ces fonctions, la peau du corps entier doit être constamment propre.

Un des premiers bienfaits de cette propreté, c'est la préservation des maladies de la peau : démangeaisons, boutons ou éruptions, pelade, gale, insectes parasites, etc... D'ailleurs on a partout un sentiment de répulsion à l'égard des gens malpropres.

Il faut se laver le visage, le cou et les mains. Les pieds et les parties génitales doivent être maintenus constamment dans le plus grand état de propreté. Pour ces lavages journaliers on peut employer de l'eau tiède ou de l'eau froide, mais l'eau froide a l'avantage de mieux aguerrir la peau contre les intempéries.

BOISSONS

Les soldats sont absolument obligés de ne boire que de l'*eau déclarée potable.* Toute infraction à

(1) La peau exerce des fonctions similaires, ou mieux complémentaires, à celles du poumon, et elle joue encore, dans ses sécrétions, un rôle analogue à celui des reins.

cette prescription peut être la cause d'épidémies ayant les conséquences les plus funestes.

Les eaux malsaines ou peu sûres ont de grandes chances de contenir le microbe de la fièvre typhoïde, l'eau est son véhicule ordinaire.

On ne boira donc que des *eaux potables* provenant de sources vérifiées, ou des eaux filtrées, stérilisées ou bouillies.

Au point de vue du goût, il est bon de les couper avec du café, du thé, du vin ou de l'eau-de-vie.

Lorsque les soldats ont des occasions de boire du vin, de la bière, du cidre ou d'autres liquides, qu'ils sachent être sobres, c'est de l'hygiène et c'est une qualité précieuse.

L'hygiène veut la tempérance qui évite l'alcoolisme, véritable maladie, dont les conséquences sont funestes pour la santé de l'homme et pour sa vie (*ne pas boire d'alcool, pas d'apéritif à alcool, et modérément le vin, la bière, le cidre, etc.*).

DES VÊTEMENTS

Généralités. — L'homme a besoin de se vêtir, pour se défendre contre le froid, le soleil, la pluie, et les offenses des objets extérieurs.

Pour se conformer aux exigences de l'hygiène, le vêtement doit :

1° Répondre aux exigences de la saison et du milieu extérieur;

2° Ne pas entraver les fonctions de la peau;

3° Ne pas contrarier les mouvements des bras, des jambes et du corps;

4° N'apporter aucune gêne dans les fonctions des appareils respiratoire, circulatoire et digestif;

5° Être facilement nettoyable pour ne pas devenir une source ou un véhicule des maladies infectieuses.

Les vêtements, en toute saison, doivent être tels

qu'ils empêchent une évaporation subite de la sueur du corps, évaporation qui occasionne des refroidissements très nuisibles, puisqu'ils amènent presque toujours des maladies des voies respiratoires et des douleurs musculaires.

Les vêtements en laine, en flanelle ou en tissu spongieux sont excellents; on les met soit directement sur la peau, soit sur la chemise.

Vêtements de dessous. —Les vêtements de dessous, ou le linge de corps, sont en tissus facilement lavables; ils comprennent : la chemise, le caleçon, le gilet de flanelle, les chaussettes et les cols ou cravates. Il faut les maintenir toujours propres et les changer très souvent, la durée d'une semaine est un maximum qu'il faut s'efforcer de réduire.

RECOMMANDATIONS POUR LES MARCHES, MANŒUVRES ET LA VIE EN CAMPAGNE

Il faut veiller à sa chaussure, qui doit être souple et en bon état à l'intérieur et à l'extérieur, puis il importe absolument de soigner ses pieds avant le départ et dès l'arrivée.

Il faut se maintenir les pieds propres, sans cependant les laver à grande eau; les essuyer et les graisser; pour cela on emploie la graisse que le capitaine fait donner ou simplement du suif. Traverser les ampoules avec un fil de soie propre et les panser avec une bande de toile suiffée. Il faut se faire couper les ongles et les cors avec soin.

Le soldat boit ce qu'il a dans son bidon, mais il ne s'arrête nulle part pour prendre de l'eau sans autorisation, ou si l'ordre n'en a pas été donné; en principe, il faut boire le moins possible, se gargariser si la soif est trop vive.

L'ingurgitation rapide de grandes quantités d'eau

pendant les marches est souvent suivie d'accidents graves et même de mort.

A la grand'halte et à l'arrivée, il est prudent de manger un peu avant de boire. Quand on est en transpiration, on doit boire lentement et à petites gorgées.

On doit s'abstenir de boissons alcooliques.

Autant que possible on ne part pas à jeun. Le soldat peut en marchant manger un casse-croûte, mais il ne doit consommer les aliments destinés à la grand'halte ou aux repas que lorsque l'ordre en est donné.

Précautions générales. — Se conformer, en été et en hiver, aux ordres donnés pour le port des vêtements et pour la façon de les ouvrir ou de les fermer selon la température, — se préserver du soleil par le couvre-nuque, — ne pas se coucher sur la terre humide pendant les haltes.

Une plaie. — Toute plaie, si petite soit-elle, doit être nettoyée de toute souillure avec de l'eau phéniquée, ou avec une solution de sublimé, d'acide borique ou simplement avec de l'eau bouillie. Mettre ensuite la plaie à l'abri de l'air au moyen d'un pansement propre et de préférence aseptique.

PAQUET INDIVIDUEL DE PANSEMENT EN CAMPAGNE

En campagne, chaque homme possède un paquet individuel de pansement destiné à procurer au blessé un premier pansement en attendant les soins du médecin; il se compose de : un plumasseau d'étoupe enveloppée de gaze, une compresse en gaze, une bande de coton, deux épingles de sûreté (le tout dans une double enveloppe). Il se place dans la poche intérieure gauche de la capote ou de la veste cousue à gros points. Interdiction est faite de l'ouvrir avant le moment précis de l'utiliser.

DÉPOT DES ORDURES, FEUILLÉES

Tout ce qui est ordure, saleté, épluchures et matières fécales doit être rejeté loin de la troupe, en dehors des passages, ou mieux, enfoui en terre. On doit donc chaque jour faire des « feuillées ». A cet effet :

Creuser une tranchée étroite et profonde, servant de fosse; rejeter la terre à droite et à gauche de la tranchée, de manière que l'homme puisse poser ses pieds de chaque côté de l'excavation dont les parois sont taillées à pic.

Deux fois par jour, le matin et le soir, avoir soin de faire jeter les terres de déblai dans les feuillées qui ont été utilisées. Arroser d'un lait de chaux, si possible, avant de combler l'excavation.

CONVOI DE PRISONNIERS

L'escorte des prisonniers de guerre exige une vigilance spéciale et beaucoup de prudence et de fermeté.

L'officier chargé de conduire des prisonniers de guerre les place en colonne, en faisant devancer, suivre et flanquer cette colonne qui marche en ordre serré. Il défend toute conversation entre les hommes de l'escorte et les prisonniers et empêche ces derniers de communiquer avec les habitants.

Au départ, l'escorte charge ses armes, en présence des prisonniers, qui sont prévenus que toute tentative de résistance sera réprimée avec la dernière sévérité.

Les prisonniers reçoivent la même ration que leur escorte; on leur évite toute insulte. Les malades et les blessés sont traités avec ménagement, mais toujours surveillés.

Pour cantonner, on choisit des localités contenant de grands bâtiments, où les prisonniers puissent être facilement gardés et qui sont toujours éclairés. Une porte seule reste ouverte et une garde y est établie.

Le reste de l'escorte est réparti dans les maisons les plus voisines.

Pour les longs repos ou l'emplacement d'un bivouac, on recherche des terrains découverts et éloignés des habitations ou des bois.

Si le convoi est attaqué en marche et qu'on soit obligé de s'arrêter pour résister à l'ennemi, on ordonne aux prisonniers de se tenir couchés; la partie de l'escorte chargée de leur garde immédiate reste près d'eux et fait feu sur quiconque se relève avant d'en avoir reçu l'ordre : le reste de l'escorte manœuvre pour repousser l'ennemi.

CHAPITRE III

PRINCIPALES OPÉRATIONS DE LA GUERRE

Les communiqués officiels qui paraissent chaque jour sont très laconiques, ils ne donnent que des notes générales sur les affaires militaires. Ce laconisme est une bonne chose; pour que l'armée soit libre de ses mouvements et de ses opérations, il faut éviter de rendre compte à l'ennemi de ce qui s'est passé. Pour avoir plus de détails sur les principales affaires, il faut donc avoir recours aux publications que font certains journaux à la suite de communications importantes qu'ils ont reçues plus tard.

C'est ainsi que nos communications ci-dessous ne sont que des reproductions d'*articles de journaux.*

LES OPÉRATIONS MILITAIRES DEPUIS LE DÉBUT DE LA GUERRE

Le Temps a publié l'intéressante étude suivante des opérations poursuivies par l'armée française depuis le commencement de la guerre :

« Nos armées ont été concentrées sur notre frontière d'Alsace-Lorraine, et c'est par la Belgique, sur la frontière du Nord, que l'attaque allemande s'est produite.

« Nous avions commis une erreur. L'erreur n'était nullement imputable au commandement, mais au pays tout entier. Nous étions hantés par l'idée de l'occupation de Nancy par l'ennemi et on était arrivé à vouloir dans cette région une frontière inviolable. Toute la concentration de l'armée a été organisée depuis longtemps sur cette base. Une réaction contre ce dispositif a été tentée depuis plusieurs années, on faisait valoir que les Allemands éviteraient de se heurter contre notre armée dans une région où elle trouverait de solides places fortes : Verdun, Toul, Épinal, Belfort, et qu'ils tourneraient ces obstacles en passant par la Belgique.

« Ce n'est pas en France seulement que l'entrée de l'armée allemande par la Belgique était envisagée. De nombreux écrivains militaires allemands et belges en avaient fait le sujet de leurs ouvrages.

« Tout cela, notre commandement ne l'ignorait pas; mais, dans notre pays, on est forcé de compter avec l'opinion publique, qui n'aurait pas compris l'abandon provisoire de Nancy et de la frontière lorraine.

« Dans la nuit du 2 au 3 août 1914, l'Allemagne adressait à la Belgique un ultimatum exigeant le droit de passage. Le Gouvernement belge, qui avait déjà décrété la mobilisation, répondit qu'il était résolu à défendre la neutralité de son pays et fit appel à la France et à l'Angleterre.

« Le 4 août, avant d'avoir terminé leur mobilisation, les Allemands pénétraient en Belgique. Le 8 août, le 1er corps d'armée française, ayant terminé sa mobilisation, était envoyé au secours des Belges. Il allait être rapidement appuyé par les troupes anglaises qui commençaient à débarquer à Ostende, Dunkerque et Calais. C'était loin d'être suffisant, car, démasquant le plan de son État-major, la masse de l'armée allemande suivait de près les corps qui avaient tenté de forcer les colonnes de défense de Liége et montrait ses têtes de colonnes au sud et au nord de cette place.

« Le plan de l'État-major allemand dans le cas d'une guerre contre la France et la Russie alliées était de porter aussi rapidement que possible le gros de son armée par le chemin le plus court sur Paris, d'y pénétrer de vive force et, après avoir contraint le Gouvernement français à se reconnaître vaincu, de se retourner contre l'armée russe, dont la mobilisation et la concentration étaient beaucoup moins rapides en raison de l'étendue du pays et du nombre restreint de ses voies ferrées.

« N'ayant plus de doute sur les intentions allemandes, le commandement français prit rapidement sa décision. Laissant devant Nancy et en Lorraine l'armée du général de Castelnau, il dirigea le gros de ses forces droit sur les Allemands qui étaient en Belgique. Pour des armées aussi considérables, ce changement de front était une opération délicate. Pour arriver à temps avant que notre frontière fût atteinte par l'adversaire, il fallait aller vite et marcher sur un grand front. Les premières rencontres ne nous furent pas favorables; des marches longues et rapides avaient fatigué nos soldats.

« Une de nos armées avait été dirigée par Neufchâteau dans l'Ardenne belge contre des forces allemandes qui avaient traversé le grand-duché de Luxembourg. Une deuxième, passant aux environs de Sedan, s'était portée à l'attaque de corps allemands en marche entre la Meuse et la Sambre. Devant le flot allemand, l'armée belge avait dû se replier sur Anvers.

« Nous avions affaire à un adversaire formidable. Les meilleures troupes de l'Allemagne étaient contre nous, entraînées par des officiers d'une énergie atteignant la violence et soumises à une discipline inexorable. Notre commandement n'hésita pas. Les conditions n'étaient pas favorables; il se replia sur le territoire français, combattant pied à pied l'adversaire, l'épuisant, n'attendant que l'heure où cet épuisement lui permettrait de reprendre l'offensive.

« Il n'eut pas une défaillance, pas un instant de découragement. Malgré des combats journaliers, notre retraite se fit rapidement et en ordre.

« Le 28 août, l'ennemi atteignit la frontière; le 30, il arrivait à Guise et Novion-Porcien, deux points sur lesquels nous prononcions des contre-attaques.

« Tout en se repliant, le général Joffre avait ramené vers l'ouest celles de ses armées qui avaient pénétré dans l'Ardenne belge, de manière à n'avoir aucune solution de continuité dans sa ligne de bataille, et il avait donné comme point de direction à son aile ouest la lisière est du camp retranché de Paris, ce qui lui permettrait de parer à une tentative d'investissement de la capitale.

« Le 2 septembre, la droite allemande atteignait la forêt de Compiègne. L'émotion fut vive à Paris, et le Gouvernement prit la détermination de se transporter à Bordeaux.

« Les Allemands n'avaient plus l'espoir de terminer la guerre du côté français par leur entrée à Paris. Le général Gallieni, dont le passé prouvait qu'il n'était pas un homme de vaines paroles, leur montrait qu'ils ne pénétreraient pas dans la capitale, sinon après un siège long et pénible. Ce siège même, ils ne pouvaient l'entreprendre qu'après avoir définitivement dispersé l'armée du général Joffre.

Bataille de la Marne.

« Mais l'armée Joffre avait reçu des hommes de remplacement. Lorsque l'armée allemande la rencontra le 6 septembre, déployée sur une ligne jalonnée par Meaux, le Grand Morin, Verdun, elle était prête à prendre l'offensive.

« Le moment que guettait le commandement français était arrivé. L'État-major allemand avait voulu faire vite, nous écraser en quelques jours et transporter ensuite le gros de ses forces contre les Russes. Nos alliés nous ont été indirectement d'un grand secours. En voulant marcher trop vite, les Allemands avaient épuisé leurs soldats, qui n'étaient pas d'une qualité suffisante pour résister à de telles fatigues.

« Loin d'écraser l'armée du général Joffre, les Allemands subirent une attaque sur tout le front et celle des troupes de Paris, qui se portèrent contre leur flanc droit sur l'Ourcq, dès le 6 septembre, en les refoulant. Les corps français et anglais poursuivirent l'ennemi, ramassant des canons, du matériel et de nombreux prisonniers.

« Les fatigues occasionnées par cette lutte héroïque d'une semaine ne permirent pas de donner à la poursuite de l'ennemi l'énergie nécessaire pour transformer la retraite en déroute. Il put se ressaisir en arrivant sur la ligne de l'Aisne et les forts de Reims qu'il occupait. Sur ce front, il reçut des renforts, fit tête et, le 15 septembre, une grande et nouvelle bataille s'engagea, bataille formidable s'étendant, au début, de Noyon à Saint-Mihiel, sur la Meuse, puis se développant progressivement entre Meuse et Moselle, à l'est et au delà de l'Oise, vers Lassigny et Roye à notre aile gauche.

« Plus de vingt jours on s'est battu sur cette immense ligne. La bataille engagée finira-t-elle par la rupture de l'armée allemande ou va-t-elle continuer en se déroulant pas à pas vers le nord? L'avenir nous le dira. Dans les deux hypothèses, un résultat important sera acquis : l'évacuation du territoire français par les Allemands.

La bataille de l'Ourcq.

Le correspondant de Havas revenant du front raconte la bataille qui se déroula du 5 au 10 septembre dans la vallée de l'Ourcq et dont le résultat heureux sauva Paris de l'invasion.

« Depuis Mons et Charleroi, l'armée franco-anglaise se repliait en combattant.

Le repliement.

« Les deux alliés, malgré les pertes qu'ils avaient subies, étaient intacts. Leur liaison intime formait un bloc homogène redoutable.

« A la fin du mois d'août, le général Maunoury reçut la mission de couvrir la gauche de la retraite anglaise.

« A peine formée à Montdidier, son armée doit se conformer à la retraite rapide des armées française et anglaise. Le 1er septembre, elle est au nord et nord-est de Paris, se préparant, sous les ordres du général Gallieni, à défendre la capitale contre l'armée de von Kluck.

Von Kluck change de plan.

« Mais, le 4 septembre, von Kluck, changeant de plan, et considérant que la prise de Paris est momentanément secondaire, infléchit sur Meaux, afin de vaincre notre gros.

« Le général Joffre, immédiatement renseigné, rappelle le général Maunoury et lui ordonne d'attaquer en liaison avec nos troupes du front de droite et sur les derrières allemands.

« Ceci donna naissance à la bataille de l'Ourcq.

Aux portes de Paris.

« Notre quartier général est à Raincy, aux portes mêmes de Paris. En face nous avons seulement le IVe corps de réserve allemand qui constitue l'extrême flanc-garde de von Kluck. Aussi l'armée Maunoury constituant l'armée de Paris peut-elle se déployer en toute liberté dans la direction générale de Château-Thierry sans que l'ennemi modifie son ordre de marche.

« Dès que nous disposons de tous nos moyens d'action, le 6 septembre au matin, nous attaquons violemment le flanc droit de l'ennemi.

Le mouvement enveloppant.

« Le général Vautier, à notre gauche, prononce un vigoureux mouvement enveloppant sur les derrières de l'ennemi surpris qu'il bouscule complètement.

« Nous apprenons alors que la 5e armée française opérant à la droite des troupes anglaises a emporté un grand succès et a mis les Allemands en échec.

« Le 7 septembre, la bataille acharnée reprend. Les Allemands reculent. Nous accentuons le mouvement enveloppant pour transformer leur retraite en déroute.

Von Kluck flaire le danger.

« Mais von Kluck, flairant le danger, décide d'attaquer à fond le 7e corps combattant à l'extrémité de l'aile marchante. A cet effet, il renforce son IVe corps en danger par le IIe corps que les Anglais n'avaient pas pu suffisamment accrocher.

« L'attaque de von Kluck fut assez efficace pour rejeter notre aile marchante sur Villers-Saint-Genest. Et von Kluck, profitant de ce premier avantage, grossit son aile d'un nouveau corps d'armée.

Situation difficile.

« Les rôles sont changés. C'est nous qui sommes menacés d'enveloppement. Le général Joffre, informé, renforce l'aile gauche immédiatement.

« Malgré cela, la situation reste difficile, car non seulement von Kluck continue les attaques de front, mais, le 9 septembre, une nouvelle formation ennemie surgit sur nos derrières, nous obligeant à nous replier.

« La situation devient grave.

Vaincre ou mourir !

« Le général Maunoury rappelle aux troupes l'ordre du jour du général Joffre déclarant qu'il faut vaincre ou mourir sur place.

« Instantanément nos troupes redoublent d'efforts, arrêtent la retraite, font face résolument.

« Le lendemain matin, l'armée de Paris reprend l'offensive. L'ennemi, vaincu, bat en retraite dans la direction de l'Aisne.

« La bataille de l'Ourcq est gagnée. »

LES BATAILLES DEVANT NANCY

De l'envoyé spécial du *Temps.*

« *Nancy, 1er décembre.* — Hier, nous avons parcouru les champs des batailles qui se sont livrées devant Nancy, au début de septembre. C'est, entre les hauteurs de Sainte-Geneviève, près de la Moselle, sous Pont-à-Mousson et Dombasle, sur la rive droite de la Meurthe, un front d'une cinquantaine de kilomètres, orienté du nord-nord-ouest au sud-est, et que traverse, à angle droit, la grand'-route de Paris—Nancy à Château-Salins, et je crois que l'on peut dire que la France ne s'est pas très bien rendu compte (tout occupés que nous étions de l'issue des combats plus proches de la Marne et de l'Aisne) de l'importance et de la violence de cette longue suite de batailles qui, du 22 août au 12 septembre, ont ensanglanté cette région, et à l'ensemble desquelles le Grand-Couronné de Nancy a donné son nom, sous quoi l'Histoire les connaîtra. De ces trois semaines de batailles acharnées est sortie une grande victoire, qui d'abord a sauvé Nancy, et ensuite a couvert de gloire le général de Castelnau. L'opinion publique n'a pas été injuste envers lui; n'est-ce pas ce chef éminent que le populaire a déjà décoré de ce sobriquet glorieux, emprunté à la géographie du sol qu'il a su conserver français : le *grand Couronné de Nancy*?...

« Son armée, en liaison à l'ouest avec l'armée du général Sarrail, établie autour de Verdun, et à l'est avec celle du général Dubail, alignée dans la région de Baccarat aux Vosges, comprenait, outre quelques unités et des renforts envoyés de Toul au cours de la bataille, trois divisions de réserve, la 59e, la 68e et la 70e, réparties dans cet ordre sur les trois secteurs suivants : à gauche, un premier front allant de la Moselle (à la hauteur de Loisy) jusqu'au village de Sainte-Geneviève, perché sur les premières pentes du Grand-Couronné que l'on rencontre en venant du nord; au centre, une ligne dirigée presque du nord au sud, et faisant face à l'est, de La Rochette à Velaine, par le grand mont d'Amance, à l'ouest de la forêt de Champenoux; la région de Lunéville enfin marquait le point le plus extrême de notre droite. La liaison y était établie entre les armées Castelnau et Dubail par une division de cavalerie. Notre ligne s'étendait donc (pour l'armée de Castelnau) au pied du Grand-Couronné, espèce de fer à cheval de hauteurs et de plateaux escarpés dont les deux extrémités s'appuient l'une sur la Moselle, l'autre sur la Meurthe, à la hauteur de Loisy et de Dombasle.

« Bien que les actions engagées sur ce front par l'armée du général de Castelnau se soient produites dans un même temps, l'extrême enchevêtrement des lignes françaises et allemandes ne permet pas d'en faire un récit unique et d'ensemble. Aussi bien, sur chaque point du front, la bataille eut lieu, locale, presque isolée de la voisine. Commençant donc notre visite à ces théâtres héroïques par la gauche, l'officier de l'état-major qui nous accompagne nous a d'abord conduits de Nancy à Loisy, petit village situé dans la vallée de la Moselle, sur la rive droite de la rivière. De là, tandis qu'à notre gauche la Moselle d'argent forme de sinueux et gracieux méandres, au milieu d'une large vallée, on aperçoit en face de soi, quand on regarde le nord, un piton élevé, que couronne le village de Mousson. Pont-à-Mousson s'étale derrière ce pic. Au pied sud de Mousson, le village d'Atton, et sur notre droite, la colline abrupte de Sainte-Geneviève.

« C'est sur ce front Loisy—Sainte-Geneviève que dès le 20 août, une partie de notre 59e division était disposée, avec la mission de défendre la vallée de la Moselle et la route de Nancy. A cette date du 20 août, nous étions cruellement battus à Morhange, en territoire annexé; Nomeny était attaqué et pris; Pont-à-Mousson, violemment bombardé les deux premiers jours de septembre, était abandonné par nous et occupé par les Allemands. Le 4 septembre, tandis que d'autres forces allemandes descendaient de Château-Salins vers notre centre, de fortes colonnes ennemies, venues du nord, commençaient à déboucher sur les deux rives de la Moselle. Sur la rive droite, qui seule nous occupe aujourd'hui, les Allemands entreprenaient avec une extrême activité le bombardement du piton de Mousson, qu'ils pensaient très solidement défendu, puis ils y donnèrent l'assaut. Ils y firent leur entrée d'ailleurs sans coup férir : nous n'y étions plus. Pendant la nuit du 5 au 6, ils reprenaient leur canonnade, dirigée cette fois sur nos positions de Sainte-Geneviève et de Loisy, et, le 6 au soir, on voyait les premiers fantassins allemands déborder du village d'Atton et de la forêt de Facq, qui est au-devant de Sainte-Geneviève, et, à cheval sur la route d'Atton à Loisy, se diriger contre nos positions établies derrière des retranchements sur Loisy, son cimetière et les pentes ouest et nord de Sainte-Geneviève où nous nous étions fortifiés. Notre artillerie appuyait Sainte-Geneviève, mais nous n'avions à Loisy qu'une seule compagnie du 314e. Elle était si bien à l'abri, toutefois, dans le cimetière et sous les réseaux de fil de fer qui devançaient nos tranchées, qu'à elle seule elle put arrêter et soutenir à la fin de la journée du 6 et pendant une partie de la soirée, à la faveur d'un combat de nuit, entre 6 et 10 heures du soir, l'effort de toute une division ennemie. Celle-ci, ayant perdu beaucoup de monde dans cette offensive, renonça à attaquer Loisy de front, et tournant vers l'est, s'élança contre les flancs nord du plateau de Sainte-Geneviève. Nos ennemis y tombèrent dans les houblonnières et les vignes qui couvrent une partie de ces pentes, et se heurtèrent là à quelques troupes françaises de renfort envoyées exprès pour boucher un trou, entre Sainte-Geneviève et Loisy. Mais les défenseurs de Loisy se croyaient sur le point d'être tournés par leur droite et menacés d'être rejetés sur la rivière, ce pendant que ceux de Sainte-Geneviève pensaient être pris à revers par leur gauche; d'autant que les troupes allemandes sorties de la forêt de Facq attaquaient avec la dernière vigueur la 17e compagnie du 314e, établie dans des tranchées sur la crête de Sainte-Geneviève, qu'elle était également seule à défendre. La défense fut aussi belle que l'attaque était énergique, comme on en put juger le lendemain, quand le jour fut venu, au nombre de cadavres allemands étendus, les cisailles dans une main, le fusil dans l'autre, au milieu de nos fils de fer barbelés. Cependant, les nôtres, attaqués par d'innombrables Allemands, tambours et fifres en tête, tinrent bon, et les assauts de l'ennemi furent aussi souvent rejetés que tentés. Quelques hommes qui fuyaient vers Sainte-Geneviève furent vigoureusement ramenés en avant, revolver au poing, par le commandant de Montlebert, qui fut blessé dans cette affaire et promu depuis lieutenant-colonel, tandis que le capitaine Delmas, commandant la 17e compagnie, était tué.

« Malheureusement, sur la rive gauche de la Moselle, l'ennemi avait pu progresser, de telle sorte qu'il établissait, le 7 au matin, son artillerie sur les hauteurs de Cuittes, d'où il lui devenait possible de canonner à revers Loisy et Sainte-Geneviève. La position n'étant plus tenable pour nous, l'ordre fut donné de nous reporter sur une seconde ligne en arrière. Le commandant de Montlebert ne voulait point s'y résoudre : il ne se crut obligé de s'incliner après seulement qu'on lui en eût envoyé l'ordre par écrit.

« L'effort des Allemands s'était limité dans cette région à notre seule position de Sainte-Geneviève. Ils escomptaient l'emporter le 7, et le 8 être à Nancy. De fait, le 7, nous devions évacuer Sainte-Geneviève, nos hommes persuadés que c'était une défaite, alors qu'en réalité c'était une affaire des plus favorables pour nous. Alors en effet que nous avions volontairement abandonné cette position de Sainte-Geneviève, les Allemands ne purent s'y maintenir. Délogés de Cuittes, ils durent également lâcher Sainte-Geneviève, où nous revenions, ce même jour du 7, au soir, avec deux compagnies. Nous ne l'avons pas quitté depuis.

« Cette affaire, qui ne nous coûta que 83 hommes mis hors de combat, tués ou blessés, fut douloureuse pour les Allemands : ils y perdirent plus d'un millier d'hommes. On en a enterré 703 près d'Atton, et 230, dont le lieutenant-colonel von Rostock, un peu plus loin. Beaucoup de leurs morts étaient blessés par derrière, à la nuque, et cela donne à penser qu'ils furent tués par leurs propres officiers, alors qu'ils reculaient, ou par leurs mitrailleuses, à la suite d'une fausse manœuvre. Mais le résultat moral dépassait de beaucoup pour nous les pertes matérielles subies par l'ennemi : l'effort allemand était brisé sur notre gauche; quatre régiments s'étaient heurtés à un seul bataillon et n'avaient pu passer. Le cimetière de Loisy, les pentes de Sainte-Geneviève, son petit village tout ravagé par les obus portent encore les marques de ce vigoureux combat : des tombes, des ruines couronnent ce plateau, d'où l'on voit Metz au loin par un temps clair. Ainsi ceux des nôtres qui sont tombés là, en se battant, les yeux tournés vers la terre annexée, n'avaient qu'à regarder l'horizon pour savoir ce pourquoi ils se battaient et ils tombaient...

« De Sainte-Geneviève, nous sommes allés au mont d'Amance, dans la région nord-est de Nancy, au centre du Grand-Couronné : un plateau élevé, dominant la forêt de Champenoux étalée dans la plaine. D'innombrables trous d'obus le criblent, attestant la fureur — inutile d'ailleurs — de l'attaque; mais dès maintenant, il faut dire que jamais les Allemands n'y ont mis le pied, et jeter ainsi tout de suite à bas cette fable ridicule des cuirassiers blancs du Kaiser enlevant par une charge irrésistible ce pic escarpé, au sommet duquel on a déjà des difficultés à parvenir à pied. Dans toute cette région, d'ailleurs, nous nous sommes battus *en avant* du Grand-Couronné, attaquant toujours, et si, au cours de ces trois semaines de combats, il nous est arrivé de reculer, ce ne fut jamais que dans la zone du terrain que nous avions gagné, sans qu'à aucun moment notre ligne vînt dépasser le front de défense établi par nous, en cas de recul, sur le Couronné.

Après nos échecs de Morhange et de Sarrebourg (20 août), nos corps avaient été reportés en arrière, sur les hauteurs du Grand-Couronné et sur la Meurthe, couvrant de la sorte Nancy, Lunéville et Saint-Dié. L'ennemi nous suivait de si près, dans ce mouvement de recul, que dès le 21 avaient lieu les premiers engagements, et que, le 22, la bataille commençait au nord de Lunéville d'abord, gagnant de là tout le reste du front. Le 24, elle était engagée en plein, et, fidèles à notre tactique de toujours, nous reprenions aussitôt l'offensive.

« Le centre des combats qui commencèrent dès lors à se livrer à l'est d'Amance, autour de la forêt et du village de Champenoux, et qui devaient durer près de trois semaines, du 23 août au 12 septembre, occupait, ainsi que nous l'avons rapporté, le secteur compris, du nord au sud, entre La Rochette et Velaine, dont Amance occupe le centre. De solides défenses avaient été organisées sur cette ligne, en prolongement du secteur occupé à l'ouest par la 59e division : c'était la 68e qui devait fournir l'effort sur ces points, et c'est grâce à ses valeureuses offensives que la ligne La Rochette—Amance—Velaine dut de n'être jamais atteinte par l'ennemi.

« Le 23 août, donc, nous avions pris contact avec lui sur presque tout le front, et le 24, son mouvement offensif, consécutif à ses succès de Morhange et de Sarrebourg, se trouvait arrêté. Devant son inaction, nous l'attaquions à notre tour dès le lendemain 25, à l'est et au nord-est, par un mouvement combiné des deux armées de Castelnau et de Dubail, le premier sur le Grand-Couronné, le second au sud de Lunéville et dans les Vosges françaises. On vient de voir quel fut le rôle de la gauche du général de Castelnau, sur le plateau de Sainte-Geneviève : défendre la vallée de la Moselle. Voici, d'une manière générale, quelle fut la nature des opérations où se vit engagé son centre, tandis que sa droite retenait autour de Lunéville l'effort adverse. Mais n'ayant point visité cette dernière région, c'est du seul centre de Castelnau que je puis parler aujourd'hui.

« Le 26 août, donc, à la droite du centre, la 36e brigade de la 68e division, commandée par le général de Morderelle, s'engageait dans une attaque violente vers le village de Champenoux, le bois Morel et la ferme Saint-Jean. Mais le 27 au soir, notre droite se trouvant engagée trop en avant, nous dûmes reculer, sans toutefois abandonner Champenoux. Une nouvelle offensive eut lieu le lendemain, ainsi que le 30, sur ce même côté : vers Amance, on n'en était encore qu'aux escarmouches. Le 1er septembre, l'ennemi arrive en force, alors que nous poussons une nouvelle attaque contre lui. Mais tout ceci n'était que les sanglants préliminaires de la formidable action qui allait se livrer et que nos soldats sentaient proche. Elle commença, décisive et générale, dans la nuit du 4 au 5, par un violent bombardement. Les Allemands avaient placé leur grosse artillerie sur les rives de la Seille, en dehors de l'atteinte de nos canons, et de ce moment, du 4 au 12, la canonnade ne cessa pas, terrible, impressionnante et souvent efficace. Pour le moment, elle précédait le premier gros effort allemand sur les villages de Champenoux et d'Erbéviller, à notre centre et vers notre droite, tandis que, sur notre gauche, à Sainte-Geneviève, l'ennemi tentait une diversion propre à nous immobiliser sur cette position, suivant le détail qu'on a lu plus haut. Nous dûmes alors abandonner Erbéviller et nous reporter de ce côté sur la lisière de la partie méridionale de la forêt; mais nous y tenions encore le Rond-des-Dames et Champenoux, ainsi qu'Amance, bien que nos positions y fussent affreusement canonnées, au point d'obliger nos batteries au silence.

« Le 6 au soir, l'ennemi porta son effort vers Amance, et nos lignes situées en avant et au pied du mont : les fermes de la Fourasse et de Fleuri-

Fontaine furent alors perdues pour nous, puis reprises. En fin de compte, l'ennemi se voyait rejeté, en partie, dans les bois, à l'est. Sur plusieurs autres points, nous avions subi des échecs assez durs que l'ordre vint de réparer le lendemain 7, en reprenant à tout prix tous les points que nous avions abandonnés. Un régiment de renfort, le 206e, appuyait cet ordre. Il attaqua, après préparation du combat par l'artillerie, la forêt de Champenoux; mais les Allemands s'y étaient puissamment établis et retranchés, de telle sorte que le 206e, en un clin d'œil privé de chefs et s'étant rudement fait étriller dans le bois, dut bientôt se replier, découvrant ainsi le 212e sur la lisière de la forêt; le 344e seul tenait toujours ses positions, mais le 212e, extrêmement réduit lui aussi, devait abandonner à son tour ce que ses débris conservaient encore de la forêt. La division tout entière était extrêmement fatiguée, éprouvée par ces longs efforts; ses pertes étaient considérables. Toutefois, revivifiée par des renforts prélevés sur des divisions voisines, elle recevait l'ordre, le 8, de reprendre l'offensive sur la forêt et le village de Champenoux — dont elle ne parvint pas d'ailleurs à s'emparer. Après tant d'efforts, la journée du 9 fut calme et employée de part et d'autre à se retrancher sur les positions occupées. C'est dans la nuit qui suivit que les Allemands réussirent à pousser deux de leurs gros canons le plus possible en avant de leur ligne, et c'est de là qu'ils purent, pendant deux heures, envoyer une cinquantaine d'obus sur Nancy, qui en fut fort effrayé. Le lendemain, de nouveaux renforts étant arrivés de Toul, l'attaque reprit encore.

Elle fut rejetée. Nos hommes étaient épuisés, fourbus, hagards; ils avaient à peine le temps de manger — et quoi d'ailleurs? — pendant cette bataille incessante. On leur demanda de nouveaux efforts. Un officier me dit que parfois on rencontrait des troupes qui marchaient au hasard devant elles, ne sachant où elles allaient, et tournant le dos à la bataille. On les retournait, on les lançait contre l'ennemi, et elles y allaient sans un mot, sans une plainte, avec une sorte d'ivresse furieuse. Le 11, nous parvenions au milieu de la forêt, vers la maison forestière de l'étang de Brin, et là encore le combat fut acharné. Mais le régiment envoyé de Toul se faisait massacrer et devait être, lui aussi, remplacé le lendemain par le 143e. A bout d'efforts, ayant affaire à des ennemis terriblement supérieurs en nombre — nous avions à peu près la valeur de deux corps d'armée engagés contre des forces doubles — nous continuions à nous agripper à l'adversaire, à l'attaquer avec une violence désespérée et, par des prodiges de volonté, à le réattaquer encore dans le moment même où il venait de nous repousser. Ainsi encore une fois on put contrôler la vérité de cet axiome militaire qui donne la victoire à celui des combattants qui est capable de souffrir un quart d'heure de plus que l'autre. Le 12 septembre, en effet, les Allemands, épuisés par nos attaques incessantes depuis quinze jours, se voyaient obligés de battre en retraite, en longues colonnes profondes, et l'Empereur qui, des hauteurs voisines de la Seille, dans la région d'Éply, avait assisté à ces combats, devait remettre *sine die* son entrée à Nancy, attendue, espérée depuis si longtemps. Aux mêmes dates, ses troupes étaient écrasées sur la Marne.

Depuis ce jour, nous n'avons pas cessé de progresser dans la région qui s'étend à l'est et au nord de Nancy, et dès lors si victorieusement que, le 13 septembre, on pouvait lire dans les communiqués officiels que les forces allemandes qui se trouvaient sur la Meurthe battaient toutes en retraite, et que nous avions réoccupé Raon-l'Étape, Baccarat, entre Saint-Dié et Lunéville, Réméréville et Pont-à-

Mousson. Le 13 au soir, le territoire français compris entre les Vosges et Nancy était totalement évacué par l'ennemi.

« Ainsi l'admirable ténacité de nos soldats, la volonté de nos chefs, au cours de ces trois semaines des plus durs combats, avaient donné ce magnifique résultat de dégager notre frontière, en même temps que, accrochant à l'est de considérables forces allemandes, elles permettaient au général Joffre d'opérer en toute liberté sur la Marne et d'y effectuer cette belle série de manœuvres qui devaient le conduire à la victoire. »

Émile Henriot.

NOTRE ADMIRABLE AUDACE A BRISÉ LE FORMIDABLE ET FRÉNÉTIQUE EFFORT DES ALLEMANDS, DONT LES PERTES DÉPASSENT 120.000 HOMMES.

Le *Bulletin des Armées* portant la date du 25 novembre, établit le bilan des six dernières semaines.

Ce bilan se résume en l'échec complet du formidable effort de l'ennemi.

Les Allemands ont ajouté cet échec à leur défaite de la Marne.

Le *Bulletin des Armées* explique ensuite que l'État-major allemand n'avait rien négligé pour nous déborder.

Il avait sa masse sur le front de la Lys à la mer, soit quatre corps d'armée et deux armées comprenant ensemble quinze corps d'armée.

Leurs chefs étaient le kronprinz de Bavière, le général de Fabeck, le général de Deimling et le duc de Wurtemberg.

Les ordres trouvés sur des officiers allemands morts ou prisonniers prouvent qu'il s'agissait d'une action décisive, afin d'obtenir un résultat sur le théâtre occidental de la guerre, avant de se retourner contre l'adversaire de l'Est, les Russes.

L'Empereur lui-même animait ses soldats de sa présence, et annonçait qu'il voulait être à Ypres le 1er novembre et proclamer l'annexion de la Belgique.

Nous avons dû opposer à l'ennemi des forces sinon égales, du moins suffisantes.

Or, au début d'octobre, l'armée belge sortait d'Anvers, trop éprouvée pour prendre part à la manœuvre.

Les Anglais quittaient l'Aisne pour le Nord. L'armée du général de Castelnau ne dépassait pas le sud d'Arras. Celle du général de Maud'huy s'étendait du sud d'Arras au sud de Lille.

Plus loin, nous avions de la cavalerie, des territoriaux et des fusiliers marins.

Ces effectifs étaient insuffisants pour que le général Foch, appelé au commandement de l'armée du Nord, pût briser la volonté de l'ennemi.

Des renforts lui furent envoyés. Ils arrivaient, nuit et jour, en chemin de fer, et ils arrivèrent à temps.

Quoique moins nombreux que l'ennemi, les Français, animés d'un admirable esprit, s'engagèrent à peine débarqués. Durant un mois, ils firent front.

Vers le 20 octobre, ce front allait de Nieuport à Dixmude, puis il s'éloignait vers l'est, dessinant un vaste demi-cercle en avant d'Ypres.

Il descendait ensuite vers le sud, de Messines à Armentières.

Les Allemands tentèrent d'abord d'enlever Dunkerque, d'atteindre Calais ou Boulogne-sur-Mer; de nous envelopper, de couper les communications des Anglais avec la mer.

L'ennemi disposait de toute l'artillerie lourde provenant d'Anvers.

Dès le 5 novembre, l'attaque était repoussée, et nous marchions vers l'Yser, refoulant l'ennemi qui avait réussi à passer sur la rive gauche, noyant ses arrière-gardes sous l'inondation.

Ne pouvant pas nous tourner, les Allemands essayèrent de nous percer.

Ce fut alors la bataille acharnée d'Ypres, où ils lancèrent des masses profondes, sacrifiant leurs soldats pour un but qu'ils n'atteignirent pas.

Nous repoussâmes, pendant près de trois semaines, des assauts précipités, frénétiques. Nous conservâmes notre front malgré les grosses difficultés résultant de sa forme circulaire.

Le 30 octobre, les Anglais avaient dû reculer légèrement, mais les Français, par une contre-attaque simultanée, rétablirent la barrière protégeant Ypres.

Cette collaboration est digne des plus belles pages de notre histoire militaire.

Le 15 novembre, notre position devenait inexpugnable, grâce à l'armée de Belgique, sous le commandement du général Durbal, aidée par les armées de Maud'huy et de Castelnau, constituant, à elles trois, l'armée Foch.

Le concours décisif que nous avons apporté aux Anglais a scellé profondément la fraternité d'armes des alliés.

Les pertes allemandes ont certainement dépassé 120.000 hommes.

Cet échec des Allemands, outre leur déception humiliante, nous donne une garantie efficace contre un retour offensif sur Paris.

Le succès des Flandres continue, prolonge, consacre notre victoire de la Marne.

La gloire en revient aux chefs et aux soldats.

UN ÉLOGE DE L'ARMÉE FRANÇAISE

Des officiers anglais exposent avec quelle habileté et quel courage fut dirigé notre effort dans la bataille de la Marne.

Voici en quels termes s'exprime le correspondant militaire du *Times* :

« Nous avions depuis longtemps désiré, en Angleterre, trouver une occasion d'exprimer notre profonde admiration pour la discipline, la confiance et le courage de l'armée française.

« Deux de nos officiers qui reviennent du front ont unanimement apporté le témoignage de la façon admirable dont se comportent les troupes françaises, de leur bonne tenue, de leur ordre excellent, aussi bien dans les marches qu'aux combats, et de la manière remarquable dont elles se sont relevées après le désappointement du début de la guerre.

« Jusqu'ici nous n'avions pas de documents émanant du côté français que nous pouvions citer comme confirmation de la confiance que nous avions en eux. Les rapports officiels français ont été, par leur réserve, semblables à ceux des Japonais, et ont rarement cité le nombre et le nom des armées françaises qui ont bien opéré ou le nom d'un officier qui s'était distingué.

« Quelques hautes distinctions dans la Légion d'honneur, dont ont été l'objet nos vieux amis les généraux Foch et de Castelnau, dont les succès nous réjouissent, et quelques mentions individuelles de courage portées au *Journal officiel* constituent le seul renseignement qui nous ait été donné. En réalité, nous ne savons rien de ce qu'ont fait la plupart des corps d'armée français. Jamais il n'y a eu une guerre où sont engagées des troupes françaises, dont on ait moins informé le public de ce qu'avaient fait les chefs et les corps. Nous ne savons ni ce qu'ont été les triomphes, ni ce qu'ont été les souffrances de nos braves alliés. Nous avons été heureux de lire, dans le *Temps* du 3 octobre, l'excellent compte rendu des opérations françaises du 6 au 13 septembre, donnant les noms des commandants des diverses armées françaises et montrant avec quelle noblesse ces armées ont combattu à partir du moment où elles se sont retournées contre ceux qui les poursuivaient, et les ont repoussés jusqu'à l'Aisne. Nous savions déjà quelque chose de ce combat, mais la publication en France des noms des commandants en chef nous permet de rendre honneur à ceux qui le méritent.

« Quelles que soient les premières erreurs de la campagne de France, nous saluerons tous le jugement correct et la décision rapide avec lesquels le général Joffre a saisi le bon moment pour reprendre l'offensive.

« Le 6 septembre, le général Sarrail, appuyé sur Verdun et les hauteurs de la Meuse, était prêt à faire face à l'ouest et à protéger la droite française.

« Le général de Langle, au sud de Vitry-le-François, était prêt à faire face au nord. A sa gauche était le général Foch, occupant le front du camp de Mailly à Sézanne. A sa gauche était l'armée du général Franchet d'Esperey, puis venait l'armée anglaise dans la région de Crécy-en-Brie, au sud du Grand Morin. A l'extrême gauche, l'armée du général Maunoury couvrait Paris, et, enfin, le général Gallieni commandait les troupes de la garnison de cette place.

« Depuis le 6 septembre, le général Joffre donna les ordres d'une offensive générale. Les armées des généraux Sarrail, de Langle, Foch et Franchet d'Esperey attaquaient de front. L'armée anglaise attaquait la droite de la Ire armée allemande, et le général Maunoury, marchant sur l'Ourcq, menaçait les derrières et les communications de cette armée. Cette Ire armée, après une retraite rapide, fit face au général Maunoury et fut attaquée sur sa gauche par les Anglais, tandis que le général Franchet d'Esperey attaquait la IIe armée allemande du général de Bulow, qui commença à céder.

« Le 8 septembre, le général Foch attaqua à son tour. Avec sa droite, il contint la Garde et trois corps d'armée allemands dans un combat furieux à l'est de Fère-Champenoise, pendant qu'avec sa gauche il faisait une attaque de flanc précipitée. Il repoussait les Allemands devant lui, sur Reims. En même temps, le général de Langle attaquait le mouvement en échelon de gauche à droite, et le général Sarrail, menacé de front, de flanc et par derrière, avait à soutenir un combat très rude pour maintenir ses positions. Il y parvint. Les armées de Lorraine, grâce à leur résistance, lui permirent d'accomplir cette tâche.

« Nous saurons un jour, par Sir John French, quelle a été la part prise par l'armée anglaise dans la bataille de la Marne. Ce qui nous intéresse ici, c'est d'avoir la preuve que cette bataille a montré la valeur du commandement français et la résolution de ses troupes.

« Pendant quinze jours, les armées françaises ont retraité. Aucune armée n'aime à battre en retraite, et l'armée française moins que les autres. Ce que le général Joffre demanda à ses lieutenants, ils l'exécutèrent noblement, et la conduite des diverses armées ne mérite que les plus grands éloges.

« Les armées allemandes, qui se trouvaient dans une période de victoire complète, furent immédiatement arrêtées, combattues avec vigueur et finalement repoussées avec des pertes sensibles.

« L'ordre donné par le commandant du VIIIe corps allemand, trouvé dans son logement et publié, montre que les Allemands escomptaient ou, en tout cas, espéraient obtenir une victoire décisive; ils subirent, au contraire, une sévère défaite.

« Les armées françaises, dans la bataille de la Marne, ont accompli des prodiges de valeur et ont changé l'aspect de la campagne. L'État-major français et ses chefs ont donné au monde entier une preuve de leur valeur et de leur compétence.

« La cavalerie a été pleine d'activité et d'audace; le fameux « 75 » a décimé l'infanterie allemande et s'est montré supérieur aux canons allemands. L'infanterie française a combattu avec sa légendaire énergie et s'est surpassée avec les baïonnettes. Le bon ordre de bataille français, la conduite méthodique des chefs et l'esprit de sacrifice des soldats français ont amené la victoire sous le drapeau de la France. La France peut être fière de la splendide valeur de ses enfants. Nous espérons que le Gouvernement français nous donnera d'autres occasions de voir et d'admirer les qualités de ses soldats et les exploits des troupes françaises. Nous savons qu'à Longwy, au fort de Troyon, à celui du Camp des Romains et sur d'autres positions, en Lorraine ou ailleurs, les soldats français ont montré de la ténacité et de l'endurance dans des circonstances difficiles et que ce n'est pas seulement dans les attaques qu'ils se sont distingués. Nous sommes fiers de nos alliés et, avec la confiance que nous marchons à côté d'eux de victoire en victoire, nous leur envoyons nos plus chaudes félicitations. »

LA BATAILLE DES FLANDRES

Le *Petit Journal* a publié l'article suivant de M. S. Pichon, ancien ministre des Affaires étrangères.

« Je m'excuse auprès de mon éminent collaborateur le général Berthaut, qui suit et commente avec une si haute compétence le détail quotidien de nos opérations militaires, de parler aujourd'hui du communiqué d'ensemble que le Gouvernement a remis aux journaux et que nous avons publié hier matin.

« C'est la première fois depuis le début de la

guerre que l'opinion publique est officiellement saisie de l'exposé des faits de la campagne pendant une période de plusieurs semaines avec des indications précises sur l'état des forces en présence, la situation respective des armées belligérantes, le nom des généraux qui les commandent et les résultats obtenus.

« Si cette initiative pouvait marquer une ère nouvelle dans les communications faites à la presse et dans la publicité des informations autorisées par la censure, nous ne pourrions que nous en féliciter. Sans parler de nous, qui trouvons si souvent extraordinaire le scrupule avec lequel le Gouvernement et ses délégués interdisent la révélation des événements qui font le plus d'honneur à nos troupes et à leurs chefs, il y a longtemps que la presse anglaise insiste sur les inconvénients sérieux que présente, notamment au point de vue des enrôlements de volontaires, l'excessive parcimonie avec laquelle on mesure le droit de faire connaître la situation militaire des armées alliées.

« Quoi qu'il en soit, nous savons par le communiqué d'hier que, pendant six semaines, nous avons eu, dans les Flandres, plus de quinze corps d'armée allemands en face de nous, sous la conduite du kronprinz de Bavière, du général de Fabeck, du général de Deimling et du duc de Wurtemberg. Nous savons que l'Empereur était venu personnellement sur le terrain pour animer ses soldats de sa présence et qu'il avait juré d'être à Ypres le 1er novembre. Nous savons qu'il attachait, ainsi que son État-major, une importance *décisive* au succès de la manœuvre qu'il avait résolue.

« Nous savons que le commandement des armées alliées du Nord avait été confié par le général Joffre au général Foch, qui avait sous ses ordres les généraux d'Urbal, de Maud'huy et de Castelnau. Nous savons ce qu'il a fallu de clairvoyance et d'habileté à nos généraux, de vaillance indomptable à nos soldats, aux soldats anglais et aux soldats belges, pour briser le choc de l'ennemi.

« Nous savons que, du commencement d'octobre au 20 novembre, les troupes alliées ont eu chaque jour à repousser des assauts frénétiques, à empêcher, tour à tour et parfois en même temps, les troupes allemandes de nous tourner et de nous percer, d'enlever Dunkerque pour atteindre Calais ou Boulogne, de s'emparer d'Ypres pour rompre notre front. Nous savons que les corps anglais, belges et français ont livré des batailles dignes des plus belles pages de l'histoire militaire, qu'ils ont renforcé par la fraternité d'armes l'union sacrée qui les assemble, et infligé des pertes terribles à l'ennemi.

« Nous savons enfin que, sur toute l'étendue de notre front, de la mer du Nord aux Vosges, nous avons à combattre plus de cinquante corps d'armée, dont aucun n'a été distrait pour être envoyé sur la frontière russe, et que, si colossales que soient ces forces, nous les avons tenues en échec sans fléchir nulle part et en marquant, au contraire, une progression de notre effort.

« Comme le dit excellemment la note officielle, « la gloire de ces succès revient à nos chefs et à « nos soldats. Il est désormais démontré par les faits « que notre commandement lit dans le jeu du com- « mandement allemand; qu'il est prêt partout et « toujours, non seulement à la parade, mais encore « à la riposte. »

« Oui, c'est vrai. Disons-le et répétons-le bien haut : nos généraux et nos armées ont, à eux seuls, déjoué tous les plans militaires allemands. Le grand État-major de Guillaume II, quelles que soient ses prétentions arrogantes, n'a rien trouvé qui réussisse contre l'intrépidité de nos soldats et la tactique de leurs chefs. Il n'a fait que se conformer servilement à ses traditions bien connues : procéder par masses, envelopper, couper l'ennemi. Le général Joffre et les généraux dont il est le chef suprême ont toujours su, depuis la victoire de la Marne, réduire à néant ces tentatives méthodiquement et constamment renouvelées.

« Heureusement, notre généralissime a conservé toute la liberté de son action. Ayant la responsabilité complète, on lui a laissé tout le pouvoir qui en est l'indispensable condition. C'est à cela que nous devons le succès de nos armes et le salut de la France. Avec Joffre à la tête de notre grand État-major, Gallieni au gouvernement militaire de Paris, les généraux que nous connaissons à la tête de nos armées, les officiers et les soldats que nous possédons, l'héroïque concours des officiers et des soldats des armées anglaise et belge, nous pouvons attendre de pied ferme les offensives nouvelles et furieuses que les Allemands préparent avec tous leurs ducs et princes sous la direction de leur Empereur. Quoi qu'ils méditent et quoi qu'ils fassent, l'avenir est à nous. Nous vaincrons. »

S. Pichon.

NOTRE ARTILLERIE NE CONNUT QUE LE SUCCÈS ET NOTRE INFANTERIE NE CONNUT PAS LE RECUL

Travail d'une semaine, du 17 novembre au 5 décembre.

Paris, 10 décembre.

Une note officielle expose les principaux faits de guerre entre le 27 novembre et le 5 décembre.

Bien que cette période ne soit pas marquée par de grandes opérations, elle a permis de constater partout l'ascendant de notre artillerie et de notre infanterie.

Notre artillerie, sans souffrir beaucoup, a fait

taire, en de nombreux points, les batteries ennemies, dont elle en a démoli plusieurs.

Notre infanterie a progressé partout et n'a jamais reculé.

De la mer à l'Oise.

De la mer à l'Oise, le 1er décembre, notre artillerie lourde a endommagé, à Bixschoote et à Merken, les batteries allemandes. Nous avons détruit, à Wydrendreft, une section de mitrailleuses ennemies.

Le 4 décembre, notre grosse artillerie a imposé silence à l'artillerie allemande.

Elle a détruit, le 29 novembre, dans la région de Knocke, et le 2 décembre, à Bixschoote, des passerelles et des approvisionnements de l'ennemi.

Le 27 novembre, nous avons bombardé, près de Lens, des trains de ravitaillement.

Le 5 décembre, nous avons démoli les travaux de l'ennemi dans la région de Roclincourt.

Voici les principales attaques qui ont été repoussées par notre infanterie :

Le 27 novembre, à Paschendaele, le 30 novembre à Bixschoote, le 3 décembre à Paschendaele, le 5 décembre à Wydrendreft, le 29 novembre à Brodseinde, à l'est d'Ypres.

Nous avons progressé dans toute la section nord de 60 à 500 mètres.

Trois beaux faits d'armes.

La « maison du passeur ».

Les opérations à la suite desquelles nous nous sommes emparés de la maison du passeur constituent un brillant et pénible fait d'armes.

Il s'agissait de déblayer des Allemands la rive gauche de l'Yser, où ils étaient installés.

Sur 1.800 mètres, le canal est bordé là par un

marais infranchissable. Une attaque n'est possible qu'en longeant la berge et sur un front très étroit.

En outre, la rive droite domine et nous place sous le feu des mitrailleuses.

Cent volontaires des bataillons d'Afrique combattirent, dans l'eau jusqu'à mi-jambe et sous une pluie intense.

De leur côté, les Allemands se montrèrent extrêmement courageux, et nous dûmes tuer un officier et quinze hommes qui refusaient de se rendre.

Le château de Vermelles.

L'attaque du parc et du château de Vermelles est également remarquable.

Le 1er décembre au matin, les Allemands, assaillis de toutes parts par deux pelotons de spahis à pied et trois compagnies d'infanterie, s'enfuirent en essayant vainement de se retrancher dans les bâtiments du château.

Les jours suivants, nous repoussâmes toutes les contre-attaques.

L'attaque de Fay.

L'attaque de Fay, le 28 novembre, est également remarquable.

Malgré une fusillade ininterrompue de l'ennemi, nos tirailleurs et sapeurs détruisirent le réseau de fils de fer. Ils trouvèrent, le 30 novembre, un second réseau. Malgré une fusillade qui leur causait des pertes sensibles, ils achevèrent l'organisation du terrain conquis représentant 400 mètres.

De l'Oise à l'Argonne.

De l'Oise à l'Argonne, notre artillerie a dispersé des colonnes d'infanterie, au nord du fort de Condé, et a obtenu des résultats appréciables.

En Champagne.

En Champagne, une batterie de 75 a démoli, le 27 novembre, à l'ouest de Presles, une pièce allemande de 105, tandis que notre artillerie lourde éteignait le feu de l'ennemi dans la région de Rouge-Maison. L'activité de notre artillerie, dans cette partie du front, a réduit nos pertes quotidiennes à une moyenne de 100 à 20 hommes.

Nous avons détruit, le 28 novembre, six mitrailleuses et une batterie de 21. Nous avons éteint le feu de l'ennemi, le 29 et le 30 novembre. Nous avons détruit, le 1er décembre, une batterie de 88. Sur le plateau de Craonne, nous avons fait exploser, le 2 et le 3 décembre, plusieurs dépôts de munitions et nous avons réduit au silence, le 4 et le 5 décembre, les canons qui bombardaient Reims.

Nous avons bombardé des trains.

Les répliques de l'artillerie allemande sont généralement assez molles.

Ses seuls succès consistent en deux ou trois bombardements de Reims.

Dans l'Argonne et sur les Hauts de Meuse.

Dans le secteur de l'Argonne, aux Hauts de Meuse, l'ennemi a montré son maximum d'activité. Il a dirigé quinze attaques, notamment au nord du Four-de-Paris, sur Fontaine-Madame et le bois de la Grurie.

Toutes ont été repoussées avec une extrême vigueur.

Nous avons attaqué et progressé chaque jour dans tout ce secteur.

Nous avons enlevé, le 4 décembre, près de Saint-Hubert, plusieurs tranchées.

Le prétendu succès des Allemands dans le Bois de la Grurie, le 1er décembre, consiste en l'explosion d'une tranchée française minée et où une compagnie fut presque anéantie. Mais les compagnies voisines résistèrent dans leurs tranchées, et, grâce à un furieux corps-à-corps, rétablirent leurs lignes dans une tranchée nouvelle, à 26 mètres en arrière de la tranchée détruite.

Sur les Hauts de Meuse, un épais brouillard et la pluie ont arrêté pendant plusieurs jours les opérations, puis, le 3 et le 5 décembre, notre artillerie a détruit une section de mitrailleuses et bombardé des trains.

Elle a réduit au silence une batterie de 21.

Nous avons toujours repoussé les rares attaques de l'infanterie et progressé de 150 à 325 mètres dans les régions de Saint-Mihiel, Varennes et Vauquois.

Sur la Moselle.

Nous avons progressé sur la rive gauche de la Moselle, dans le bois Le Prêtre.

Dans les Vosges et en Haute-Alsace.

Notre offensive nous a conquis des positions importantes dans les Vosges.

En Haute-Alsace, la prise d'Aspach-le-Haut a déjà été signalée. Nous avons pris, le 2 décembre, au sud du col du Bonhomme, la crête de la Tête-de-Faux, où l'ennemi avait un observatoire d'artillerie qui dominait la haute vallée de la Meurthe.

A l'assaut au chant de la « Marseillaise ».

Nos chasseurs ont enlevé cette crête, à 2 heures, animés d'un magnifique entrain, en chantant la *Marseillaise*. Ils ont subi des pertes assez sensibles.

Nous avons progressé sur la côte de Grimaude.

Nous avons repoussé toutes les contre-attaques au nord-ouest de Senones.

L'ardeur de nos troupes dans les Vosges est admirable.

A l'ordre du jour.

La note termine en signalant quelques actes de bravoure, notamment le suivant :

Deux sapeurs télégraphistes, Carles Antoine et Louis Demoizet, ont rétabli, le 28 novembre, sous un bombardement violent, les fils téléphoniques coupés entre le moulin de Zuydschoote et l'écluse de Hetsas. Ils ont été cités à l'ordre du jour.

APRÈS CINQ MOIS DE GUERRE

OU EN SOMMES-NOUS?

« Cinq mois de guerre ! Depuis l'ouverture des hostilités, voulue par le Kaiser, où en sommes-nous? Le balayage définitif de notre territoire se poursuit et bientôt, espérons-le, le banditisme allemand ne pourra plus s'exercer surcelles de nos populations qui sont encore sous le joug de l'envahisseur.

« Le 1er août, il faut le rappeler sans cesse, les Boches sont prêts à saisir la proie qu'ils convoitent depuis de longues années. Leurs agents, tous leurs agents, sont à leur poste. Tout est organisé. Une quinzaine de jours leur suffira pour s'installer à Paris.

« La capitale leur échappe. Joffre gagne la bataille de la Marne. Paris est sauf. Mais ils souillent une partie de notre territoire. Onze départements sont en partie occupés par eux. Leur offensive ayant été brisée, ils organisent la défensive. Depuis le 12 septembre, nous luttons chaque jour pour les déloger. Nous gagnons du terrain. Combien de mois auraient été nécessaires pour les chasser de Paris !...

« Le 1er janvier 1915, le nettoyage de nos territoires continue sans répit. Notre armée s'est fortifiée, s'est aguerrie dans des proportions considérables. Elle a à sa tête de grands chefs, de véritables chefs. Pour tous, depuis le plus humble troupier jusqu'au généralissime, une seule pensée, qui est aussi celle de nos alliés belges et anglais : la victoire certaine, sans doute prochaine.

« Notre certitude de vaincre est invincible. Nous sommes pourvus de tout ce qui est nécessaire : nos caissons sont remplis de munitions; la fabrication de nos obus est intensifiée. Nous ne manquerons de rien.

« La guerre nouvelle qui nous est faite par un peuple sans courage n'a plus de secrets pour nous. Nous avons appris à nous battre comme ils se battent. Ce fut très dur pour la nation de braves que nous sommes. Nous avions l'habitude d'offrir, au grand soleil, nos poitrines. Ils se sont dérobés à ce loyal combat.

« L'intelligence et la vaillance du guerrier français sont telles que l'on peut, sans forfanterie, dire que la « manière » allemande, nous l'avons déjà perfectionnée. Nous sommes maintenant supérieurs à nos abominables ennemis.

« Ils avaient en quantité de l'artillerie lourde. Nous n'en avions que très peu. Nous avons travaillé. En cinq mois nous avons construit de gros canons. Notre situation est égale, bientôt nous aurons la supériorité.

« Notre génie national a fait plus. La nécessité de vaincre a provoqué des énergies nouvelles. Nombre de découvertes nous assureront, si la guerre dure encore quelques mois, des avantages certains sur les points les plus formidablement défendus.

« L'abject peuple allemand avait compté sur nos divisions, qui pour lui étaient le présage de défaillances certaines. Il avait mis tout en œuvre. Il avait acquis des concours; il avait provoqué et entretenu la trahison. Ce peuple d'espions, de gredins et d'assassins avait mesuré la France à son aune.

« Il y a dans la collectivité allemande quelques braves gens et d'innombrables bandits. Il y a dans la collectivité française quelques bandits et d'innombrables braves gens.

« Voilà la différence !

« Pourtant, même en France, n'avions-nous pas entendu répéter à satiété que l'Allemagne était une grande et noble nation, d'une valeur intellectuelle indiscutable, et d'une civilisation remarquable? La Kultur a fait aujourd'hui ses preuves.

« Mais que penser de ceux qui s'étaient à ce point trompés. Étaient-ils dupes? Étaient-ils complices?

« Il n'y a qu'une alternative. Ils étaient des gredins ou des serins.

« Cependant, les avertissements n'avaient pas manqué.

« Combien de fois les Français renseignés — et ils étaient nombreux — n'avaient-ils pas mis en garde le pays contre l'Allemand?

« Qui pouvait ignorer le plan de l'ennemi? Il avait été dénoncé à maintes et maintes reprises : « On devait entrer chez nous de vive force, nous « anéantir et s'emparer de tout ce que possède notre « admirable France. » Ce plan, tous les Allemands sans exception le connaissaient. D'un bout à l'autre de l'Empire, il n'y avait pas d'autre pensée.

« Aussi faut-il être très réservé en ce qui concerne l'attitude du député de la sociale-démocratie Liebknecht, même quand il refuse de voter les crédits de la guerre.

« Attendons d'être exactement renseignés et gardons notre attitude de ces derniers mois. Profitons des leçons de la guerre. Ne nous laissons plus berner par la canaille allemande; ne nous laissons pas imposer des distinctions subtiles.

« La bande prussienne a toujours eu le même idéal : le pillage, le vol, le viol.

« Il y a cent six ans que cet idéal se développe chez nos ennemis de toujours.

« Il y a cent six ans que le peuple tout entier approuve.

« Par conséquent, méfions-nous. Nous ne voyons guère, en effet, la circonscription électorale, même celle de Liebknecht, qui penserait autrement que toutes les autres circonscriptions. Cela n'est pas possible.

« Tous les Allemands ont la même âme, qu'ils soient socialistes ou pangermanistes. Leur mégalomanie est égale. Ils rêvent tous avec leur Kaiser de l'hégémonie tudesque sur le monde. Français, ne l'oubliez pas !

« Le temps travaille pour nous. Tout concorde à le démontrer. M. Edmond Théry, le savant économiste, ne nous disait-il pas hier, après une de ces savantes études dont il est coutumier, que l'Allemagne allait enfin ressentir les effets du blocus économique que les alliés rendent chaque jour plus sévère. Ne prévoyait-il pas la disette du pain pour le mois de mars prochain ?

« Heureuse disette ! Penser que 66 millions d'êtres de la race exécrée vont enfin connaître les horreurs de la guerre, c'est penser que les crimes et les atrocités de ce peuple seront bientôt punis.

« La justice immanente va atteindre ceux qui ont mérité d'être frappés.

« Il est rare que le crime reste finalement impuni. C'est quelquefois long, mais on n'échappe pas indéfiniment à la justice.

« Pourquoi, d'ailleurs, un peuple entier échapperait-il au châtiment ? Ce peuple n'a-t-il pas choisi son tribunal ? Il est formé de tous les peuples du globe terrestre.

« D'un côté de la barre : l'Allemagne et ses complices : l'Autriche et la Turquie.

« De l'autre côté, la France, l'Angleterre, la Russie, la Belgique, la Serbie, le Monténégro, le Japon, la Roumanie.

« Comme juges, le reste de l'humanité, soit 900 millions d'êtres humains.

« Ceux qui représentent la justice et la liberté, les nobles peuples qui ont répondu à la provocation ont derrière eux 300 millions d'individus.

« Ceux qui représentent le pillage, le vol, le viol — les agresseurs — ne sont que 150 millions.

« Le jugement est déjà écrit au livre de l'Histoire. Les pillards, les voleurs, les assassins, vont disparaître, vont périr ou être mis hors d'état de nuire. L'honneur, la civilisation, la paix, vont triompher. L'heure de la libération définitive va bientôt sonner. »

CONCLUSION

La guerre de tranchées continue donc à se dessiner en notre faveur; mais il ne faudrait pas se hâter d'en conclure, pas plus que du mot de Guillaume II : « La situation est sérieuse et la tâche qui est devant nous est ardue... », que les Allemands en soient déjà, comme quelques-uns le pensent, réduits aux expédients; ce serait se faire une grande illusion.

Que tous nos défenseurs sachent bien que la situation matérielle et financière de la France est bonne, qu'elle peut continuer à faire honorablement face à ses devoirs pendant toute la guerre, que le désir et la volonté du Parlement entier et de tous les Français, dans tous les foyers, est de ne laisser cesser les hostilités que lorsque l'ennemi aura été repoussé du sol français, que lorsque l'Alsace et la Lorraine auront été reconquises, que lorsque les Allemands auront évacué la Belgique, que lorsque les Russes auront battu suffisamment les Allemands et les Autrichiens.

Pour obtenir ce beau résultat il faut absolument que tous nos défenseurs continuent à lutter avec énergie, avec la volonté de vaincre, quel que soit le combat où ils se trouveront engagés, quels que soient leur origine et leur département ; qu'ils n'oublient pas que nos alliés et amis combattent comme eux, contre la race allemande.

Soldats français, nous avons confiance en vous. Vous serez les dignes enfants de la France !

NANCY-PARIS. IMPRIMERIE BERGER-LEVRAULT

LES LIVRES PROPHÉTIQUES

La Protestation de l'Alsace-Lorraine le 17 février et le 1er mars 1871 à Bordeaux, par Henri WELSCHINGER, de l'Institut de France. 1914. Un volume grand in-8, avec 2 fac-similés et une carte, broché. . . . . **1 fr.**

Nos Frontières de l'Est et du Nord. *L'Offensive par la Belgique. La Défense de la Lorraine,* par le général C. MAITROT. 3e édition, mise à jour en 1914. Un volume in-8, avec 8 cartes et 3 croquis, broché . . . . **2 fr. 50**

Les Armées française et allemande. *Leur artillerie, leur fusil, leur matériel. Comparaison,* par le général MAITROT. 1914. Un vol. in-18, br. **1 fr.**

Questions de Défense nationale, par le général LANGLOIS, ancien membre du Conseil supérieur de guerre. 1906. Un volume in-12, broché. . . **3 fr. 50**

La France victorieuse dans la Guerre de demain. *Étude stratégique,* par le colonel Arthur BOUCHER (1911). Édition revue et corrigée. 23e mille. 1915. Un volume in-8, avec 9 tableaux et 3 cartes, broché. . . . . **1 fr. 25**

L'Offensive contre l'Allemagne. *Étude stratégique,* par le même (1911). Édition revue et corrigée. 13e mille. 1912. Un vol. in-8, avec 3 cartes, br. **1 fr.**

La Belgique à jamais indépendante. *Étude stratégique,* par le même. 5e mille. 1913. Un volume in-8, avec 2 cartes, broché . . . . **1 fr.**

L'Allemagne en péril. *Étude stratégique,* par le même. 1914. Un volume in-8, avec 6 croquis, broché . . . . **2 fr. 50**

La Guerre au XXe siècle. *Essais stratégiques,* par le lieutenant-colonel Henri MORDACQ. 1914. Un volume in-12, avec 2 cartes in-folio, br. . **3 fr. 50**

Opinions allemandes sur la Guerre moderne, *d'après les principaux écrivains militaires allemands.* 1912. Trois volumes grand in-8, brochés. **3 fr.**

Les Armements allemands. La Riposte, par le capitaine Pierre FÉLIX. 1912. Un volume in-8 de 137 pages, broché. . . . . **1 fr.**

Le Pangermaniste en Alsace, par Jules FROELICH. 1913. 10e mille. 1915. Un volume in-12, avec 16 dessins par **HANSI**, broché . . . . **75 c.**

Force au Droit (*Question d'Alsace-Lorraine*), par H. MARINGER. 1913. Un volume in-12, avec 2 cartes dressées par le lieutenant LAPOINTE, br. . **3 fr. 50**

La Prochaine Guerre, par Charles MALO. Avec une Préface par Henri WELSCHINGER, de l'Institut. 1912. Un volume grand in-8, broché. . . . **2 fr.**

Mes Souvenirs, 1830-1914, par Auguste LALANCE. Préface par Ernest LAVISSE, de l'Académie Française. 1914. Un volume grand in-8, br. **1 fr. 50**

La Guerre dans les Vosges et en moyenne montagne. *Principes et données pratiques,* par le colonel R.-J. FRISCH. 1914. Un volume in-18, relié en percaline . . . . **1 fr. 75**

Les Nouvelles Pièces de l'Artillerie allemande. 1914. Brochure in-8, avec 3 figures. . . . . **75 c.**

L'Armée allemande après sa réorganisation, par le lieutenant-colonel Walter VON BREMEN. Traduit par le lieutenant Jean SCHMIDT. *Avec l'emplacement des troupes en 1914.* Un volume in-8 étroit, avec le portrait de Guillaume II, broché . . . . **1 fr. 50**

État militaire de toutes les Nations du monde en 1914. Un volume in-8 étroit de 180 pages, broché. **1 fr. 25**

La Grande Guerre par les Artistes, paraissant le 1er et le 15 de chaque mois, par fascicules de 8 planches (format 32×25). Quatre fascicules parus. Prix de chaque fascicule . . . . **80 c.**

La Neutralité de la Belgique. *Publication officielle du Gouvernement belge.* Préface de M. Paul HYMANS, ministre d'État. 1915. Un volume in-12, broché. . . . . **1 fr.**

La Violation du Droit des gens en Belgique. *Rapports de la Commission d'enquête.* Préface de M. VAN DEN HEUVEL, ministre d'État. *Publication officielle du Gouvernement belge.* 1915. Un volume grand in-8 de 168 pages, avec 5 planches hors texte, broché. . . . . **1 fr. 25**

NANCY-PARIS, IMPRIMERIE BERGER-LEVRAULT

www.ingramcontent.com/pod-product-compliance
Ingram Content Group UK Ltd.
Pitfield, Milton Keynes, MK11 3LW, UK
UKHW022115190726
13855UKWH00003B/874

9 782013 060622